Specht/Bleckat/Jacobs

Jura geht auch anders!

Jura geht auch anders!

Ein Leitfaden für ein erfolgreiches
und gelassenes Jurastudium
mit vielen Tipps und praktischen Hinweisen

von

Florian Specht
Rechtsanwalt
Lehrbeauftragter an der
Leibniz Universität Hannover

Alexander Bleckat
Richter
Ausbilder im Referendariat

Madia Jacobs, LL.M.
Diplom-Juristin
Wissenschaftliche Mitarbeiterin an der
Leibniz Universität Hannover

2. Auflage 2021

C.H.BECK

www.beck.de

ISBN 978 3 406 78043 1

Wilhelmstraße 9, 80801 München
Druck: Druckerei C.H. Beck Nördlingen
(Adresse wie Verlag)

Satz: DTP-Vorlagen der Autoren
Umschlaggestaltung: Ralph Zimmermann – Bureau Parapluie
unter Verwendung eines Bildes von © depositphotos.com

chbeck.de/nachhaltig

Gedruckt auf säurefreiem, alterungsbeständigem Papier
(hergestellt aus chlorfrei gebleichtem Zellstoff)

Für unsere Eltern, die uns das Jurastudium überhaupt erst ermöglicht haben und die uns als wertvolle Ansprechpartner und tatkräftige Unterstützer in allen Lebenslagen zur Seite stehen.

Vorwort

Wieso studiert man Jura? Für uns war das anfangs keine Entscheidung aus Überzeugung, sondern eher eine aus Alternativlosigkeit. Ehrlich gesagt hatten wir nach dem Abitur kaum eine Ahnung davon, was wir später einmal machen möchten. Für uns stand allein fest, dass es nicht unbedingt etwas mit Mathe und Naturwissenschaften zu tun haben müsste. Jura erschien uns letztendlich deshalb eine gute Option zu sein, weil das Studium einem für die spätere Berufswahl viele Möglichkeiten offenhalten soll und wir uns bei der Anmeldung eben nicht schon endgültig auf irgendeinen Job festlegen wollten.

Nach der Schule konnten wir uns überhaupt nur vage vorstellen, womit man in diesem Studium konfrontiert wird. Auch ein vorheriges Praktikum in einer Anwaltskanzlei hilft da in der Regel wenig weiter. Man versteht sowieso nicht, was da gerade abgeht. Die ganzen Akten und das viele Papier schrecken zu diesem Zeitpunkt eher noch ab, als dass sie Spaß auf mehr machen.

Solltest auch du noch keinen richtigen Plan davon haben, was dich im Jurastudium erwartet und ob das überhaupt etwas für dich ist, dann geht es dir genau wie uns damals.

Jetzt, nachdem wir unsere Studienzeit sowie unser erstes und zweites Staatsexamen erfolgreich hinter uns gebracht haben, können wir dir aber sagen: Wir würden es wieder machen!

Das Wichtigste vorweg: Nein, Jura ist nicht trocken und besteht nicht aus reinem Auswendiglernen! Das gilt jedenfalls für diejenigen, die ihren Kopf einschalten können und wollen.

Leider gab es während unserer Studienzeit viele Kommilitonen[1], die das anders sehen. Auch dir werden Studienkollegen damit in den Ohren liegen. Natürlich gibt es auch im Jurastudium eine gewisse Bandbreite an Wissen, das man schlicht auswendig lernen muss. Darin unterscheidet sich das Jurastudium von keinem anderen Studiengang. Ganz ohne Lernen geht es eben nirgendwo. Wer jedoch die Grundprinzipien des Rechts verstanden und allgemeine Rechtsgrundsätze verinnerlicht hat, der kann sich etliches an Zeit und Mühe sparen.

---

[1] Aus Gründen der besseren Lesbarkeit wird auf die gleichzeitige Verwendung männlicher und weiblicher Sprachformen verzichtet. In diesem Buch verwenden wir für alle Personengruppen die männliche Bezeichnung.

Damit du zu diesen Studierenden gehörst, haben wir dieses Buch geschrieben. Wir möchten dir nützliches juristisches Rüstzeug an die Hand geben und dich zu einer aktiven Planung deines Studiums ermuntern. Ein klares Ziel, auf das hingearbeitet wird, ist ein wesentlicher Grundstein für ein Studium, bei dem der Spaß und die Freude am Lernen im Vordergrund stehen können.

Worauf du dich im Studium freuen kannst: Mit der Wahl der Rechtswissenschaften hast du dir ein wirklich spannendes Studium ausgesucht. Es bietet dem, der über den Tellerrand schaut, unglaublich viel. Weil unsere Gesellschaft von Gesetzen bestimmt wird, steckt Recht in nahezu allen Lebensbereichen. Dadurch eröffnen sich wahnsinnig aufregende Möglichkeiten in unendlich vielen Themenbereichen. Die können wir gar nicht alle aufzählen, schon weil sie auch von deinen eigenen Interessen abhängen. Darauf, diese Dinge für dich zu entdecken, kannst du dich wirklich freuen.

Dabei ist Jura nicht nur Macht, mit Gesetzen und Sprache so umzugehen, dass du eigene Anliegen und Ziele umsetzen kannst. Da ist noch viel mehr. Das Studium wird auch deine Rhetorik, deine Argumentationsfähigkeit sowie deinen Schreib- und Sprachstil gewaltig verbessern. Wer sich mit „Strafe", „Schuld" oder „dem Bösen" auseinandersetzt, wird auch um Elemente der Philosophie nicht herumkommen.[2] Ebenso wenig wie um Teilbereiche der Psychologie, wenn es später um die Zeugenbefragung oder die Mandantenbetreuung geht.

Studieren ist geil! Der Austausch mit so vielen interessanten und schlauen Leuten wird dein „Mindset" unweigerlich erweitern. Auch die Universitäten bieten dir ein breites Angebot verschiedener Veranstaltungen, an denen du nur teilzunehmen brauchst. Oft sind es gerade Nebenkurse und nicht die starr vorgegebenen Hauptveranstaltungen, die den größten Spaß im Studium bringen.

Wir können dir daher wirklich nur empfehlen, zusätzliche Angebote deiner Universität mit Interesse zu verfolgen. Ein Fremdsprachenkurs, die Teilnahme an einem sozialen Projekt oder Angebote des Uni-Sports können eine gute Abwechslung zu rein juristischen Veranstaltungen sein. Hier triffst du neue Leute aus anderen Studiengängen und gewinnst einen gesunden Abstand zur juristischen Denkweise.

Wer versteht, wie das Recht funktioniert und sich interessiert, kann dabei fast überall kompetent mit anderen Menschen in Kontakt treten. Nicht umsonst sind und waren viele Denker und Lenker aus Politik und Wirtschaft Juristen.

---

[2] Einstiegsempfehlung: Richard David Precht im Gespräch mit Ferdinand von Schirach über „Das Böse im Menschen", auf YouTube zu finden.

Wer die rechtlichen Spielregeln kennt, lässt sich nicht mehr so leicht täuschen. Ärger bei eBay oder mit dem Handyanbieter, vorzeitiger Ausstieg aus dem Vertrag beim Fitnessstudio, Widerruf von Verträgen oder der Umgang mit einer Abmahnung? Kleinere Rechtsprobleme von dir oder deinen Freunden wirst du mit großer Wahrscheinlichkeit bereits bis zum dritten Semester selbst regeln können. Das alles ist dann schon kein Problem mehr. Mit zunehmender Studiendauer wirst du immer mehr Dreistigkeiten im Alltag erkennen und dir immer weniger bieten lassen.

> So sind Schilder wie „Für Garderobe keine Haftung“ oder „Eltern haften für ihre Kinder“ rechtlich völliger Quatsch. Sie hängen dort nur, um die meisten Menschen von der Durchsetzung ihrer Rechte abzuhalten.

Im Verlauf des Studiums konnten wir für unsere Eltern, Freunde und Verwandte viele Probleme lösen und/oder Geld einsparen. Ärger mit dem Vermieter, der Krankenkasse, der Versicherung, dem Arbeitgeber? Spätestens nach dem Examen kannst du richtig angreifen und wirst dich in vielen Bereichen schnell zurechtfinden.

Wenn man so will, ist das Studium der Rechtswissenschaften damit die perfekte Wahl für die „junge Generation, die sich nicht festlegen will“. Es bietet dir im Berufsalltag – im Richteramt, in der Verwaltung oder als (angestellter) Anwalt – ein hohes Maß an Selbstständigkeit und Flexibilität. Doch bis es soweit ist, liegt erst noch ein großes Stück Arbeit vor dir.

Damit du trotz des hohen Lernpensums genügend freie Zeit zur Verfügung hast, um das zu tun, wozu du Lust hast, wollen wir unsere Erfahrungen mit dir teilen. Wir möchten dir helfen, die psychischen Fesseln des Studiums abzustreifen. Dann kannst du dein Studentenleben hoffentlich genauso genießen, wie wir das unsere genossen haben und dich voll und ganz auf das Studieren an sich konzentrieren.

Wer lernen kann, weil er mit Begeisterung bei der Sache ist, wer sich offen mit anderen austauscht, wer mit Interesse durchs Studium geht und seinen Horizont erweitern möchte, dem versprechen wir nicht nur großen Spaß und weniger Sorgen um seine Examensnoten, sondern prophezeien einen leichten Eintritt in die Arbeitswelt.

In diesem Sinne wünschen wir einen unterhaltsamen und hoffentlich hilfreichen Lesegenuss.

Deine

Florian, Alexander und Madia Hannover, August 2021

Inhaltsverzeichnis

Vorwort VII

Abkürzungsverzeichnis XV

I. Zu den Gründen für dieses Buch 1

1. Weg vom Notendenken 5
2. Ohne Prädikat kein Job: Stimmt das wirklich? 5

II. Jura, was genau erwartet mich? 13

1. Neues Wissen und eine neue Sprache 13
2. Was kostet mich der ganze Spaß? 14
3. Tipps zur Vorbereitung auf dein Studium 16
4. Chancen(un)gleichheit im Studium 16
5. Interview mit Dr. Nadja Harraschain, Gründerin und Geschäftsführerin von breaking.through 20

III. (Planung der) Studienabschnitte 23

1. Planung ist die halbe Miete 24
2. Die Stoffmenge bewältigen 25
3. Vorteile einer guten Planung 28
4. Aktives Lernen 29
5. Umgang mit schlechten Professoren und AG-Leitern 30

IV. Einführungsphase und Grundstudium 33

1. Der Weg bis zur Zwischenprüfung 33
2. Der Grundlagenschein 35
3. Juristische Methodenlehre – Crack dein Studium! 36
4. Klausuren 40
   a) Lernen und vorbereiten? … mit Fällen! 41
   b) Über juristische Bewertungsmaßstäbe 43
   c) Plädoyer für die juristische Notenvergabe 45
   d) Nachträgliche Reflexion und Fehleranalyse 47
   e) Remonstration 49
5. Hausarbeiten 50
6. Vorlesungsmitschriften und Karteikarten 52
7. Freunde fürs Leben 53
8. Pflicht- und freiwillige Praktika 54

9. Arbeiten neben dem Studium ... 56
10. Stress im Grundstudium ... 58
11. Tipps im Grundstudium ... 61

V. Hauptstudium ... 65

1. Vertiefung im Strafrecht ... 67
2. Vertiefung im Bürgerlichen Recht ... 68
3. Vertiefung im Öffentlichen Recht ... 68
4. Klausurfehler aus Sicht des Korrektors ... 69
5. Schlüsselqualifikationen und andere Veranstaltungen ... 71
6. Stress im Hauptstudium ... 72
7. Tipps im Hauptstudium ... 73

VI. Examensvorbereitung und Examen ... 75

1. Freischuss ... 77
2. Abschichten ... 78
3. Examensvorbereitung – mit oder ohne Repetitor? Wieso nicht beides? ... 79
   a) Kommerzielles Repetitorium ... 81
   b) Universitäres Repetitorium ... 83
   c) Private Arbeitsgemeinschaft ... 84
4. Mit der Examensangst umgehen ... 85
5. Ablauf der schriftlichen Examensphase ... 89
6. Tipps für die mündliche Prüfung ... 90
7. Tipps zur Examensphase ... 92

VII. Schwerpunktstudium ... 95

1. Schwerpunkt – vor oder nach dem Examen? ... 95
   a) Schwerpunkt vor dem staatlichen Teil ... 96
   b) Schwerpunkt nach dem staatlichen Teil ... 96
2. Wahl des Schwerpunkts ... 96
3. Tipps vor dem Start der Schwerpunktarbeit ... 97

VIII. Engagement im Studium ... 100

1. Moot Courts ... 101
2. Studentische Rechtsberatung ... 102
3. Hochschulgruppen und Ehrenamt ... 102
4. Auslandsaufenthalte ... 103
5. Bachelor of Laws (LL.B.) ... 105
6. Einen eigenen Aufsatz veröffentlichen ... 106

IX. Zukunft nach dem ersten Examen ... 109

1. Master of Laws (LL.M.) ... 109

2. Promotion – Dr. iur. ganz ohne „VB" ... 110
3. Überblick über das Rechtsreferendariat ... 110
4. „Traumjob" ohne „Prädikat"? ... 113
a) Justiz (Richter und Staatsanwalt) ... 114
b) Großkanzlei ... 118
c) Verwaltungsjurist ... 119

X. Ausblick: Alternative Karrierewege am Beispiel von Legal Tech ... 121

XI. Anhang ... 125
Anlage 1: Grobe Skizze zur Zwischenprüfung ... 125
Anlage 2: Remonstrationsvorlage ... 126
Anlage 3: No-Gos in der Remonstration ... 129
Anlage 4: „Golden Rules" der Fallbearbeitung im Studium ... 130
Anlage 5: „Golden Rules" der Fallbearbeitung im Examen ... 131

XII. Interviews ... 133
1. Interview mit Michael Friedmann, Rechtsanwalt und Mit-Gründer von 123recht.net, frag-einen-anwalt.de und Prime Rechtsanwalts GmbH ... 133
2. Interview mit Frau Prof. Dr. Nora Markard, Professorin für Öffentliches Recht und Internationalen Menschenrechtsschutz ... 136
3. Interview mit Frau Dr. Alexa Ningelgen, Partnerin bei McDermott Will & Emery ... 141
4. Interview mit Prof. Dr. Thomas Fischer, Vorsitzender Richter am BGH a.D. ... 144

Stichwortverzeichnis ... 153

Abkürzungsverzeichnis

Abs.	Absatz
Alt.	Alternative
AT	Allgemeiner Teil
Aufl.	Auflage
a.A.	andere(r) Ansicht
a.a.O.	am angegebenen Ort
a.E.	am Ende
BT	Besonderer Teil
bzw.	beziehungsweise
etc.	et cetera
f./ff.	folgende
gem.	gemäß
ggf.	gegebenenfalls
Hs.	Halbsatz
i.V.m.	in Verbindung mit
JA	Juristische Arbeitsblätter
JURA	Juristische Ausbildung
JuS	Juristische Schulung
lit.	littera (lat.; zu Deutsch: Buchstabe)
Nr.	Nummer
S.	Satz/Seite
s.o.	siehe oben
s.u.	siehe unten
vgl.	vergleiche
ZJS	Zeitschrift für das Juristische Studium

I. Zu den Gründen für dieses Buch

Innerhalb des Jurastudiums hat ein unerfreulicher Trend Einzug gehalten: Unverhältnismäßiger Leistungsdruck wird von vielen Seiten an die Studenten herangetragen.

Schon in den ersten Semestern hat man mit der normalen Stoffmenge aus den verschiedenen Vorlesungen und den immer neuen und neu auf einen einprasselnden Informationen gut zu tun. Trotzdem empfiehlt jeder Professor zu Beginn der Vorlesung gleich noch eine Fülle an Lehrbüchern und Kommentaren, die vorlesungsbegleitend beim Lernerfolg helfen sollen. Schon jetzt bräuchte es bald mehr als ein Menschenleben, um all diese dicken Schinken durchzulesen. Für das erfolgreiche Vorankommen müssen jedoch zusätzlich noch Nebenscheine bestanden, Hausarbeiten geschrieben und Pflichtpraktika abgeleistet werden. Schnell kann sich so ein Gefühl von Überforderung und Orientierungslosigkeit einstellen. Die gefürchtete und harte Examensvorbereitung haben wir da noch gar nicht thematisiert.

Es erscheint nur logisch, diese Informationsflut durch puren Willen und starkes Sitzfleisch niederringen zu wollen. Immer wieder hört man von Kommilitonen, die ihr komplettes Wochenende in der Bibliothek verbringen und neben dem neuen Stoff gleich auch noch einen Übungsfall gelöst haben. Täglich sechs bis acht Stunden Lernen wird so schnell zur Gewohnheit. Wer nicht gleich noch vorgearbeitet hat, scheint ein fauler Sack zu sein. In der Zeitung liest man dann auch noch, dass eine Examenskandidatin davon berichtet, dass ihr Leben mit der Examensvorbereitung kippte, was zur Folge hatte, dass sie sich nicht mehr mit Freunden traf und keinen Sport mehr trieb, sodass sie ihr Zuhause teilweise nur noch zum Einkaufen verließ.[3] Bei solchen Artikeln kommt nicht gerade viel Freude oder Lust am Jurastudium auf und dies erhöht den Leistungsdruck noch zusätzlich.

Das Gefühl, zu wenig zu leisten und den Anforderungen nicht zu genügen, wird dann auch noch von außerhalb ordentlich geschürt: Stellenausschreibungen und „Career-Days" der Top-Kanzleien und Großunternehmen für die Jahrgangsbesten beeinflussen das Anspruchsdenken der Studierenden. Repetitoren konfrontieren einen später gerne mit der „Juristenschwemme"[4] auf dem Arbeitsmarkt.

---

[3] https://taz.de/Pruefungsstress-unter-Juristinnen/!5759026/.

[4] So jüngst noch *Müller/Suhr*, Die Anwaltsschwemme, Handelsblatt Nr. 28 vom 08.02.2017, S. 24 f. oder SPON, Juristenschwemme: Wohin nur mit all den Anwälten, 03.10.2013, www.spiegel.de/karriere/juristenschwemme-zu-viele-juristen-draengen-auf-den-arbeitsmarkt-a-919819.html.

Steigende Bewerberzahlen sollen den Wettbewerb angeblich verschärfen.

Das Internet ist voll von Horrorgeschichten rund um das Jurastudium und der taxifahrende Jurist ein Klassiker.

Landet man echt als Taxifahrer, wenn man Jura studiert?

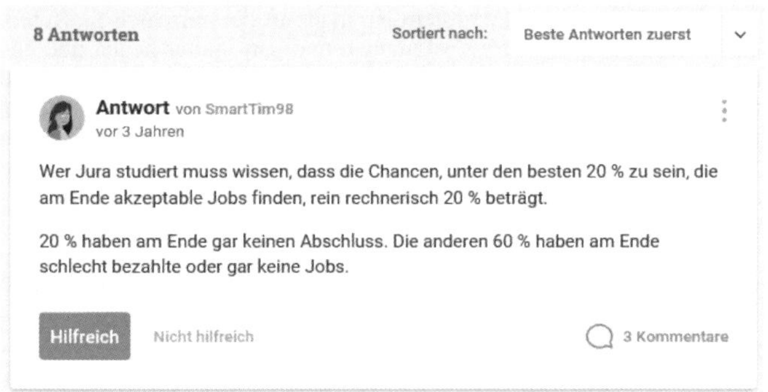

Quelle: www.gutefrage.net/frage/landet-man-echt-als-taxifahrer-wenn-man-jura-studiert, Eintrag vom 29.07.2016

Wer sich mit den negativen Folgen dieses Leistungsdrucks einmal näher auseinandersetzen will, kann dies kurz und knapp mit dem Zeit Campus Artikel *„Vor dem Examen übergaben wir uns“*[5] erledigen. Dafür reicht schon das Stichwort „Jurastudium“ in der Google-Suche. Der Artikel erscheint noch auf der ersten Seite.

Kurz und prägnant wird hier vom gesellschaftlichen Ausschluss während der Examensvorbereitung, panischer Angst, den immer wieder aufgeschobenen Klausuren, Drogenkonsum, professioneller psychologischer Betreuung und Burn-Out berichtet. Wie viele interessierte Schüler werden wohl allein durch derartige Berichte vom Jurastudium abgehalten?

Fragt man Eltern, Bekannte oder Verwandte, so beschreiben diese ihr Studium meist noch als die aufregendste, schönste Lebenszeit. Vom Berufsalltag geplagt, wünschen sich nicht Wenige in diese Zeit zurückversetzt. Diese Freuden scheinen für das Jurastudium nicht (mehr) zu gelten.

---

[5] https://www.zeit.de/studium/uni-leben/2015-06/jurastudim-erstes-staatsexamen-pruefung-durchfallen (Fehler im Original bei „jurastudim“).

Tatsächlich sind viele Studierende unzufrieden und überfordert mit ihrem Studium und leiden mit zunehmender Studiendauer unter enormem, teilweise ungesundem Zeit- und Leistungsdruck. Das belegt nun auch der *Barmer-Arztreport 2018*, wonach inzwischen immer mehr und gerade ältere Studierende unter psychischen Erkrankungen leiden.[6]

Um den unstreitig hohen Anforderungen zu genügen, versuchen viele Studenten, sich in möglichst kurzer Zeit ein Maximum an Wissen ins Gehirn zu prügeln. Weil zu Beginn des Studiums das bloße Auswendiglernen des relevanten Prüfungsstoffs noch bessere Noten verspricht, werden Definitionen und Lösungsansätze für juristische Probleme einfach heruntergerattert. Die „herrschende Meinung" wird schon irgendwie eine Berechtigung haben, schließlich handelt es sich um die allseits anerkannte Ansicht. Warum das aber so ist, damit setzen sich nur noch die Wenigsten auseinander.

Dinge zu hinterfragen und sich zu interessieren, dafür bleibt einfach keine Zeit. Stumpf wird dem vorgegebenen Lehrplan gefolgt. Wie eine Herde Schafe marschieren viele Studierende von Vorlesung zu Vorlesung. Die anderen werden schon wissen, was als nächstes Fach „abgearbeitet" werden muss. Zusätzliche Veranstaltungen, die nicht zum unbedingten Pflichtprogramm gehören, die keinen direkten Zusammenhang zum Hauptstudium haben, die keine Creditpoints oder Zertifikate vergeben, werden – wenn überhaupt – nur von einer Handvoll Zuhörer besucht.

Natürlich bleibt das allgemeine juristische Verständnis da auf der Strecke. Wer immer nur nach vorgegebenen Leitlinien handelt, wird diese Linien nie überschreiten, niemals Neues schaffen.

Doch Studierende, die mehr wollen und selbstständig denken, haben es schwer. Ihr Interesse kostet sie nicht nur zusätzliche Zeit und Energie, ihre Anstrengungen werden oft auch mit schlechten Noten quittiert. Das zeigt sich beispielsweise daran, dass die den Korrektoren ausgegebenen Lösungsskizzen der Klausuren und Hausarbeiten oft schlicht nicht auf andere Meinungen als die des Dozenten ausgelegt sind. Ein Student, der sich ausprobiert und in eine andere Richtung argumentiert, muss damit rechnen, dass seine Ausarbeitung schnell als „abwegig" abgetan, etablierte Mindermeinungen zumindest noch mit einem „vertretbar" gewürdigt werden.

Studierende, die so vorgehen, riskieren schlechte Noten und kommen dadurch auf dem Weg zum Examen nur schwer voran. Dabei ist es diese Auseinandersetzung, die das juristische Verständnis schult. So aber richten sich Studierende primär am „erforderlichen" Wissen, am

---

[6] www.spiegel.de/lebenundlernen/uni/barmer-immer-mehr-studenten-klagen-ueber-psychische-probleme-a-1194865.html.

Weg des geringsten Widerstands aus. Diese Misere jedoch allein dem Bildungswesen zuzuschreiben, wäre zu einfach. Weil Bildung keine Einbahnstraße sein kann, muss man eine Mitschuld auch bei den Studierenden selbst suchen. Um sein juristisches Verständnis zu trainieren, ist es stets wichtig, nach dem „*warum*" zu fragen: Kann ich die mir hier präsentierte Lösung nachvollziehen, ist das überhaupt logisch? Nur wer sich solide Grundlagen erarbeitet, kann auch in den späteren Semestern gedanklich mitmachen.

Dafür bedürfte es aber nicht nur einer gewissenhaften Auseinandersetzung mit dem Lehrstoff, sondern auch regelmäßiger und längerer Lernpausen, in denen das Erlernte sacken und vom Gehirn in Ruhe verarbeitet werden kann. Das ist wissenschaftlich zwar schon längst erwiesen, funktioniert aber eben nur, wenn nicht ständig neue Informationen in uns hineingepresst werden.

Doch wer kann sich den Luxus regelmäßiger Pausen im Studium schon leisten? Gerade am Anfang ist der Lernaufwand bei all dem Neuen hoch. Recherchen kosten viel Zeit und Energie, weil der Blick für das große Ganze noch fehlt. Auch in der vorlesungsfreien – aber eben nicht lernfreien – Zeit müssen nach den Prüfungsordnungen der Unis Pflichtpraktika und Hausarbeiten, teilweise auch noch Klausuren, abgeleistet werden. Während der Examensvorbereitung sind Lernpausen dann sowieso nicht mehr angesagt. Im Gegenteil: Je stressiger die aktuelle Prüfungsphase, je näher die Klausuren rücken, desto mehr externe Aktivitäten fallen dem „Lernen" zum Opfer. Dann wird halt der Sport gestrichen und man bleibt abends alleine in seinem Zimmer. Doch am Ende ist es wie im Hamsterrad. Man strampelt immer schneller, wird selbst immer unzufriedener, kommt aber nicht von der Stelle.

Mit einem so minimierten und streng durchgetakteten Studienablauf verbauen sich viele Studierende schon während der ersten Semester die Leichtigkeit und Freude an ihrem Studium und die Lust auf mehr. Wie soll da überhaupt noch Begeisterung für die Sache aufkommen?

Dieser Tunnelblick allein auf die gerade wesentlichen Prüfungsthemen ist aber auch aus einem anderen Grund gefährlich. Wer so studiert, verpasst eine tolle Chance: Nur wer sich interessiert, dazu vielleicht auf universitäre Angebote oder Meetups/Veranstaltungen geht, kann seine persönlichen Interessen herausfinden. Dann stößt du wirklich darauf, was dir Spaß macht und was nicht. In diesem Bereich kannst du dir dann spielend immer mehr Know How aneignen und kommst mit anderen Personen ins Gespräch. Vielleicht findest du sogar ein spannendes Projekt oder Praktikum – und einen Arbeitgeber? In jedem Fall schärfst du dein Profil, kannst dich so von anderen abheben und später auf spezielle Erfahrungen zurückgreifen.

1. Weg vom Notendenken

Damit bei dir der Spaß und die Lust am Studium im Vordergrund stehen können, möchten wir dir eine alternative Herangehensweise vorschlagen, bei der es vor allem darum geht, sich von der Benotung im Studium gedanklich frei zu machen.

Ist das unbedingte Ziel „Vollbefriedigend" und das erbitterte Streben nach dieser Note wirklich notwendig und die große Panikmache rund um die Examensvorbereitung wirklich angebracht? Es ist doch unstreitig viel gesünder, mit Spaß und innerer Gelassenheit gegenüber der späteren Notenvergabe an die Sache heranzugehen. Dabei ist es auch überhaupt nicht ausgeschlossen, dass sich für denjenigen, der frei aufspielen kann, gute Noten quasi im Vorbeigehen einstellen. In der eigenen, inneren Ausrichtung auf das Studium sind sie nur eben nicht mehr das primäre Ziel.

An diesem Punkt schlägt uns fast immer dasselbe Unverständnis entgegen. Eine laxe Einstellung gegenüber den Noten? Das geht nicht. Ohne ein „Vollbefriedigend" geht schließlich nichts auf dem Arbeitsmarkt (*siehe bereits der taxifahrende Jurist*). Absolventen ohne diese Note hätten es im späteren Berufsleben sehr schwer.

Auch in unserer Zeit als Tutoren haben uns Erstsemester genau das immer wieder entgegengehalten.

„[...] in kaum einem anderen Studienfach [spielt] die Examensnote die entscheidende Rolle für die weitere berufliche Karriere. Die Jobaussichten für die breite Masse der Absolventen, nämlich jene ohne Prädikatsexamen, sind nach wie vor nicht so rosig. [...]"[7]

2. Ohne Prädikat kein Job: Stimmt das wirklich?

Im Jahr 2015 erreichten in der ersten juristischen Prüfung von 12.744 Teilnehmern bundesweit nur 2.114 Absolventen (etwas mehr als 15 %) ein „Vollbefriedigend" oder eine bessere Note. Ähnlich sahen die Zahlen im Jahr 2018 aus (etwa 17% erreichten die Note „Vollbefriedigend"). Mehr als die Hälfte aller Teilnehmer mussten sich jedoch mit den Noten „ausreichend" oder „befriedigend" zufrieden geben. Knapp ein Drittel der Absolventen bestand die Prüfung nicht.

---

[7] Beispielhaft GehaltsReporter, abrufbar unter www.gehaltsreporter.de/gehaelter-von-a-bis-z/recht/Anwalt.html (Stand: 19.10.2016).

Auch im Vergleich zum Vorjahr gibt es diesbezüglich keine nennenswerten Abweichungen in den einzelnen Notenklassen.[8]

Statistik zur 1. juristischen Staatsprüfung

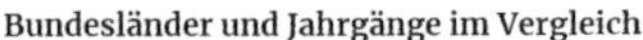
Bundesländer und Jahrgänge im Vergleich

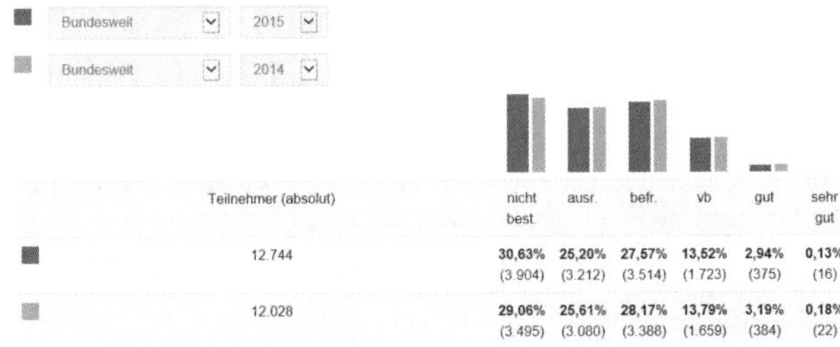

	Teilnehmer (absolut)	nicht best.	ausr.	befr.	vb	gut	sehr gut
■ (2015)	12.744	**30,63%** (3.904)	**25,20%** (3.212)	**27,57%** (3.514)	**13,52%** (1.723)	**2,94%** (375)	**0,13%** (16)
■ (2014)	12.028	**29,06%** (3.495)	**25,61%** (3.080)	**28,17%** (3.388)	**13,79%** (1.659)	**3,19%** (384)	**0,18%** (22)

Quelle: www.lto.de/jura/studium-zahlen/erste-juristische-staatspruefung/

Denkt man nun obige Aussage über die Notwendigkeit des „Vollbefriedigend" konsequent zu Ende, so würde dies folgendes bedeuten: Das Jurastudium produziert immer nur eine kleine Handvoll Gewinner am Arbeitsmarkt. Der Rest der Absolventen muss dagegen in ständiger Angst um die wirtschaftliche Existenz leben und brav all das schlucken, was vom großen Kuchen übrig bleibt.

Natürlich sieht die Wirklichkeit ganz anders aus. Die Annahme, wirtschaftlicher Erfolg und eine Beschäftigung auf dem Arbeitsmarkt seien eng mit der Traumnote „Vollbefriedigend" verbunden, ist in dieser Absolutheit nicht wahr.

Sicher, über viele Jahre ist die Zahl berufstätiger Juristen in Deutschland stets nur angestiegen. 36.516 Berufsträgern aus dem Jahr 1967[9] stehen mehr als 190.000 Rechtsanwälte, Notare, Richter und Staatsanwälte im Jahr 2017 gegenüber. – Aber: Sie alle stehen in Lohn und Brot.

Damals wie heute stellt die Arbeitslosigkeit eher ein Randphänomen für Juristen dar. So lag die Arbeitslosenquote aller Berufstätigen mit einem Studienabschluss der Rechtswissenschaften im Jahr 2011 gerade

---

[8] Zur aktuellsten Statistik sowie der aus den Vorjahren siehe www.lto.de/jura/studium-zahlen/erste-juristische-staatspruefung/ oder jeweils am Ende des aktuellen Beck'schen Referendarführers (als PDF im Internet einsehbar).

[9] *Kilian/Dreske*, Statistisches Jahrbuch der Anwaltschaft 2017/18, Tab. 10.6.1, Tab. 1.1.1 und Tab. 10.1.1.

einmal bei 2,2 Prozent.[10] Wo in anderen Branchen bei solchen Zahlen von Vollbeschäftigung gesprochen wird, redet man bei uns lieber von einer „Juristenschwemme". Wirklich interessant ist aber, dass die immer neuen Wasserstandsmeldungen um eine stetig wachsende Juristenzahl einer empirischen Prüfung gar nicht länger standhalten. Erstmals seit 1924 ist die Zahl zugelassener Rechtsanwälte im Jahr 2016 nicht mehr gestiegen, sondern war rückläufig.[11]

Die Absolventenzahlen sind jedoch auf mittlerweile unter 8.000 Absolventen seit 2011 gesunken.[12] Dabei müssen von dieser Zahl sogar noch 15 % der Prüflinge abgezogen werden, die von der Möglichkeit ihres Verbesserungsversuchs Gebrauch machen und ein zweites Mal an der Prüfung teilnehmen. Womit die Zahl der Assessoren auf nur noch rund 6.500 jährlich fällt. Bereinigt um den Wiedervereinigungsfaktor liegt die Zahl neuer Juristen damit auf dem Niveau der Jahre 1980/81, als in Westdeutschland etwa 4.500 Assessoren examiniert wurden.[13]

Begünstigt durch den demographischen Wandel und den bis 2025 bewältigten Durchlauf der erstmaligen Studienanfänger aus den geburtenstarken Jahren um die Jahrtausendwende, ist auch in Zukunft mit einem weiteren Rückgang von Juraabsolventen zu rechnen. Gegenüber 2013, dem Jahr, in dem die Zahl der Schulabsolventen mit Hochschulreife ihren absoluten Höchststand hatte, wird ihre Zahl dann bereits um 20 % abgenommen haben.[14] Auch der insgesamt stetig steigende Anteil an Schülern mit Hochschulreife wird das nicht abfedern können. Nichts spricht aktuell dafür, dass sich aus diesem Kreis plötzlich mehr Abiturienten als in der Vergangenheit der Rechtswissenschaft zuwenden werden.[15]

Diese Knappheit schlägt sich mittlerweile am Arbeitsmarkt nieder. Gerichte haben ihre Notenanforderungen an Bewerber längst heruntergesetzt. Richter kann man heute schon ohne „VB" werden. Sogar in den Stellenausschreibungen der Großkanzleien ist immer häufiger von „Work-Life-Balance" zu lesen. Um den eigenen Mandanten auch weiterhin die beste Rechtsberatung bieten zu können, werden exzellente Neueinsteiger zudem mit immer höheren Einstiegsgehältern angeworben. Aber auch das reicht nicht mehr. Heute können sich schon diejenigen Chancen auf die Großkanzlei ausrechnen, die das „Vollbe-

---

[10] www.lto.de/recht/job-karriere/j/statistik-jura-arbeitswelt-zahlen-fakten-juristen schwemme-gehalt-frauenanteil/.

[11] *Kilian/Dreske*, Statistisches Jahrbuch der Anwaltschaft 2017/18, Tab. 1.1.2.

[12] *Kilian/Dreske*, Statistisches Jahrbuch der Anwaltschaft 2017/18, Tab. 6.6.2.

[13] *Kilian*, NJW 2017, 3043 (3044 f.).

[14] *Kilian*, NJW 2017, 3043 (3045).

[15] *Kilian*, NJW 2017, 3043 (3045).

friedigend" zumindest einmal geschafft und beim anderen Mal knapp verfehlt haben. Als Ausgleich dafür braucht man dann noch eine Promotion oder einen LL.M.-Abschluss.[16]

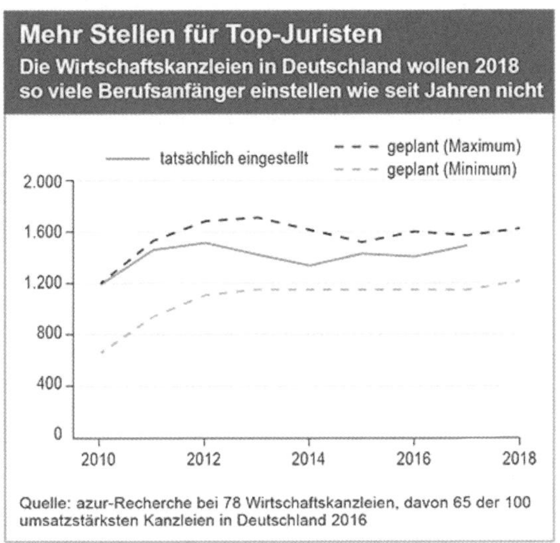

Quelle: www.juve.de/nachrichten/namenundnachrichten/2018/02/neueinstellungen-kanzleien-suchen-wieder-mehr-nachwuchs

Dabei scheint schon heute kaum ein Jurist ernsthaft finanziell am Hungertuch nagen zu müssen. Sind 90 % der zugelassenen Anwälte, die als Angestellte in den kleinen Kanzleien tätig sind, wirklich „arme Schweine", wenn sie – je nach Umfrage – ein durchschnittliches Jahreseinkommen von 35.100 € bzw. 46.000 € brutto beziehen?[17] Das hängt wohl stark vom Auge des Betrachters ab. Sicher mag man nach dem langen Studium höhere finanzielle Ambitionen haben. Die einseitige Panikmache um die Traumnote „Vollbefriedigend" können diese Zahlen aber nicht rechtfertigen.

Verwunderlich waren für uns aber ganz andere Statistiken. So ist dem überwiegenden Teil der Studierenden, der Referendare und auch

[16] www.lto.de/recht/studium-referendariat/s/was-tun-ohne-praedikatsexamen-arbeitsmarkt-karrieremoeglichkeiten-2-aus-4-grosskanzleien/.

[17] www.gehaltsreporter.de/gehaelter-von-a-bis-z/recht/Anwalt.html.

den jungen Anwälten heute eine gute Work-Life-Balance viel wichtiger als ein Traumgehalt.[18] Rund ein Viertel der Befragten gibt sogar an, sich noch keine Gedanken über die Höhe des späteren Wunschgehalts gemacht zu haben.[19] Dass für diese Lebenseinstellung Noten im Bereich von „ausreichend" und „befriedigend" bereits völlig ausreichend sein können, darüber scheint sich wohl ebenfalls niemand ernsthaft Gedanken zu machen. Jedenfalls passen diese Aussagen so gar nicht zum Notenstress der Studierenden.

Wer pro Woche einfach keine 60 Arbeitsstunden und (viel) mehr arbeiten will, wird sich in einer Großkanzlei nicht wohlfühlen. Wer lieber einen Gang runterschalten möchte, braucht in einer kleinen bzw. mittelständischen Kanzlei aber auch kein „Vollbefriedigend" für seinen späteren Job.

Ohnehin verlieren klassische Bewertungsmaßstäbe wie Abschlüsse, Zeugnisse und Noten in der zunehmend digitalen Arbeitswelt immer mehr an Bedeutung. Und im Rechtsmarkt geht die Digitalisierung gerade richtig los. Um das Thema *„Legal Technologie"* ist ein Hype entbrannt. Der geht vorbei. Was jedoch bleibt, ist die Tatsache, dass die Digitalisierung des Rechts Teile der heutigen juristischen Tätigkeit überflüssig macht und das juristische Arbeiten verändern wird.

Schon heute können Software-Programme große Datenmengen viel schneller und präziser auswerten, als es Juristen je gekonnt hätten. In nicht wenigen Kanzleien nehmen repetitive Tätigkeiten aber noch einen Großteil der anwaltlichen Arbeitszeit ein. In einer Welt der digitalen Prozesse verschieben diese Akteure damit heute faktisch nur Geld und viel Papier von einer Stelle an eine andere. Im Licht der technischen Möglichkeiten ist das eine unsinnige und überbezahlte Tätigkeit.

Eine zunehmend besser informierte Mandantschaft wird sich ineffektive Arbeitsabläufe nicht bieten lassen, sondern aus mehreren transparenten Angeboten das für sie beste aussuchen. Teilweise tut sie das schon heute.

Durch die Digitalisierung wird das Recht zugänglicher, die Rechtsberatung für den einzelnen Mandanten günstiger. Das bedeutet umgekehrt aber auch, dass immer mehr Menschen in ihren rechtlichen Bedürfnissen angesprochen werden, für die eine Rechtsberatung unter

---

[18] Vgl. etwa nur www.talentrocket.de/karrieremagazin/details/ansprueche-junger-juristen-gehalt-vs-work-life-balance-lto-umfrage-2016 oder www.faz.net/aktuell/beruf-chance/arbeitswelt/freshfields-und-co-grosskanzleien-bei-jungen-juris ten-unbeliebter-13774335.html.

[19] www.talentrocket.de/karrieremagazin/details/ansprueche-junger-juristen-gehalt-vs-work-life-balance-lto-umfrage-2016.

diesen Voraussetzungen auf einmal erschwinglich ist. Digitalisierung eröffnet ganz neue Märkte und führt zu ganz neuen juristischen Arbeitsfeldern.

Um auf die damit einhergehenden Veränderungen und Herausforderungen reagieren zu können, muss sich die Rechtsbranche in einigen Bereichen neu aufstellen und erfinden. Eine Entwicklung, die bisher an (zu) vielen Juristen und Studierenden der Rechtswissenschaft vorbeigeht.

Im Jahr 2030 ...

... hat der sinkende Bedarf an hochklassigen Berufseinsteigern dazu geführt, dass die Einstiegsgehälter seit fünf Jahren unverändert geblieben sind.

... werden Legal-Operations-Spezialisten besser bezahlt als Junganwälte.

... sind die Kosten für externe Rechtsberatung durch Anwendung etablierter Methoden für den Einkauf von Dienstleistungen in Unternehmen um 30% gesunken.

... treiben nicht Juristen die Weiterentwicklung an, sondern Führungskräfte, die aus reiferen Branchen und reiferen Märkten in den Rechtsmarkt abgeworben werden.

... wollen die kreativsten Nachwuchsjuristen nicht mehr in die Großkanzleien, sondern gründen Legal-Tech-Start-ups und bieten virtuelle Rechtsberatung an.[20]

Klar, auch künftig wird das Jurastudium an einer Universität die Basis für eine solide Karriere sein. In der Digitalisierung hängt Erfolg jedoch nicht von guten Abschlussnoten, sondern von Fähigkeiten ab, die nicht unbedingt im Hörsaal erlernt werden: Skills in sehr spezifischen, vor allem technischen Bereichen, Kommunikationsstärke, Kundenservice und Managementqualitäten, Kreativität und Leidenschaft für die Sache.

In Zukunft wird es für Juristen viel stärker darum gehen, neben dem juristischen Sachverstand auch mit anderen Branchenkenntnissen und einem hohen Serviceangebot aufwarten zu können, um horizontale, breitgefächerte Lösungen für Kunden anzubieten. Nur so wird man

---

[20] Ausgewählte Thesen aus „Blick in die Zukunft: 30 Thesen für den Rechtsmarkt 2030," Juve; zuletzt abgerufen am 30.03.2021; abrufbar unter: https://www.juve.de/nachrichten/namenundnachrichten/2020/10/cm-handbuch-202021-30-test-test-test.

künftig noch einen Mehrwert für seine Mandanten schaffen, zu diesen eine langfristige Bindung aufbauen und sich letztlich schwerer austauschbar machen. (Alteingesessenen) Kanzleien fehlt hier oft Kompetenz und/oder Kapazität. Sie sind auf Digital Natives angewiesen, die sie beraten, die Empfehlungen aussprechen sowie digitale Prozesse anstoßen und in die Hand nehmen. Dafür braucht es kein „Vollbefriedigend". Wohl aber den interessierten Blick über den Tellerrand hinaus.

> Am Beispiel von Legal Tech zeigen wir dir im letzten Kapitel ein konkretes Beispiel für einen alternativen juristischen Karriereweg – übrigens ohne „Vollbefriedigend".

II. Jura, was genau erwartet mich?

Das Studium der Rechtswissenschaften ist mit keinem Schulfach wirklich vergleichbar. Weder mit der Logik in Mathe, der Argumentation aus dem Deutsch- oder dem Lehrstoff aus dem Politikunterricht.

Iudex non calculat – der Jurist rechnet nicht.

„Dieser schon im antiken Rom geläufige Rechtssatz lässt die Frage aufkommen: Warum rechnet er nicht? Will er nicht? Kann er nicht? Oder ist es etwa unter seiner Würde? Natürlich ist letzteres der Fall. Der Jurist kann (fast) alles – auch rechnen. Zumindest glaubt er das. Aber Rechnen ist eine rein mechanische, fast kreativfreie, geradezu unerotische Tätigkeit, die den Geist des Juristen einfach zu wenig fordert. Deshalb beschäftigt sich der gemeine Jurist lieber mit wertenden Betrachtungen, die die gesamte Klaviatur seiner kreativen Fähigkeiten in Anspruch nehmen.“[21]

1. Neues Wissen und eine neue Sprache

Im Jurastudium wird der Vorlesungsstoff durch Klausuren und Hausarbeiten überprüft. Mündliche Prüfungen gibt es während des Studiums kaum bis gar nicht.

Neben dem Vorlesungsstoff müssen Studierende quasi auch eine neue „Fremdsprache“ erlernen. Juristische Ausarbeitungen werden während des Studiums im sog. *„Gutachtenstil“*, später, in der Praxis, im sog. *„Urteilsstil“* geschrieben. Nur wer sich in diesem Sprachstil ausdrücken kann, kann dem Prüfer sein materielles Wissen präsentieren.

Wie das genau mit dem Gutachtenstil funktioniert, soll uns hier nicht interessieren. Dieser Sprachstil wird mit dir in den vielen Arbeitsgemeinschaften der Universitäten noch zu genüge einstudiert.

[21] Aus www.haufe.de/recht/kanzleimanagement/latein-fuer-viele-faelle-judex -non-calculat_222_204886.html.

Die gesamte Zeit deines Studiums wirst du an dieser „Fremdsprache“ immer weiter feilen und sie ständig – gerade im Hinblick auf die Examensprüfungen – verbessern und auch verbessern müssen.

Helfen können dir dabei auch verschiedene Fallbücher, von denen wir dir in späteren Kapiteln noch einige vorstellen werden.

Dieser Spagat zwischen immer neuem Lernstoff aus der Vorlesung und dem Training des Gutachtenstils ist am Anfang ziemlich anstrengend. Man weiß nicht, womit man überhaupt beginnen soll und auch gar nicht wirklich wie. Dazu kommt die nun geforderte Eigeninitiative. Vorlesungen, Arbeitsgemeinschaften und vielleicht schon erste Nebenscheine müssen selbst ausgewählt werden. Schnell verliert man da den Überblick.

Die ersten Wochen und Monate im Studium können deshalb ziemlich überfordern. Viele Universitäten bieten ihren Erstsemestern daher sog. **Erstsemestertutorien und Prüfungsämter** an, die bei der Koordination durch die ersten Wochen (und darüber hinaus) helfen und alle Fragen beantworten.

2. Was kostet mich der ganze Spaß?

Das Jurastudium ist nicht billig. Neben die Studiengebühren tritt ein hoher Verschleiß an Papier, Kugelschreibern und Ordnern für alle Unterlagen. Dazu kommt die Anschaffung verschiedener Gesetzestexte. Da führt bei diesem Studium kein Weg dran vorbei. Ausgestattet mit einer gewissen Grundausrüstung, kann damit aber dann das gesamte Studium über gearbeitet werden.

Bürgerliches Gesetzbuch (BGB)
Strafgesetzbuch (StGB)
Basistexte Öffentliches Recht
Handelsgesetzbuch (HGB)
Arbeitsgesetze (ArbG)
Zivilprozessordnung (ZPO)
Strafprozessordnung (StPO)

Überblick über die gängigen Gesetzestexte (Beck dtv-Texte), die nach und nach angeschafft werden müssen.

Für die ersten Semester sind jedoch das Bürgerliche Gesetzbuch (BGB), das Strafgesetzbuch (StGB) sowie die Basistexte im Öffentlichen Recht völlig ausreichend. Mit dem Kauf der Basistexte im Öffentlichen Recht sollte allerdings gewartet werden. Hier bevorzugen manche Professoren andere Gesetzesausgaben.

Auch vom Kauf weiterer Gesetzestexte raten wir zu diesem Zeitpunkt ab. Da Gesetze laufend geändert oder aktualisiert werden, kann es notwendig werden, dass einige bereits erworbene Gesetzesbücher erneut in aktueller Auflage gekauft werden müssen. Während des Grundstudiums besteht dafür eher selten Anlass, weil Änderungen zu diesem Zeitpunkt meist keine Rolle für den jeweiligen Stand der Ausbildung spielen.

Das ändert sich jedoch gewaltig in der Examensvorbereitung, die meist auf mindestens ein Jahr angelegt ist. Schätzungsweise im drei-Monats-Rhythmus sind dann neue Gesetzesmaterialien erhältlich, die für das Examen meist auch eine Rolle spielen.

Viele Studierende tauschen ihre alten Gesetzestexte zu diesem Zeitpunkt deshalb gegen eine Gesetzessammlung, die ständig aktualisiert werden kann. Diese dicken sog. Loseblattsammlungen, sie heißen für das Zivilrecht Schönfelder und für das Öffentliche Recht Sartorius, müssen sowieso spätestens samt ihrer zugehörigen Ergänzungsbände für die Examensklausuren angeschafft werden. Dort sind sie die einzig zugelassenen Gesetzestexte.

Aus Kostengründen, und damit die Gesetze auch wirklich auf dem aktuellen Stand sind, sollte mit ihrem Kauf jedoch bis zum Beginn der Examensvorbereitung gewartet werden. Während des Studiums schleppt man sich an diesen dicken Schinken nur unnötig ab. Mit dem Kauf der zugehörigen Ergänzungsbände kann man sogar noch bis einige Wochen vor den Examensklausuren warten.

Bereits vor dem Studium kannst du dir jedoch sinnvolle „Tools" aneignen, die dich später im Studium unterstützen werden.

Siehe dazu auch unsere Tipps zur Vorbereitung auf das Studium zum Abschluss dieses Kapitels.

Von einer inhaltlichen Auseinandersetzung, sprich dem Lösen kurzer juristischer Fälle, raten wir in diesem Zeitpunkt aber eher ab. Es ist wie mit dem Klavierspiel. Mach es lieber vernünftig, als zu spät einen professionellen Lehrer hinzuzuziehen, wenn sich deine Finger schon falsch an die Klaviatur gewöhnt haben.

3. Tipps zur Vorbereitung auf dein Studium

- Das Taschenbuch **„Garantiert erfolgreich lernen“** von *Christian Grüning* hilft dir, deine Lese- und Lernfähigkeiten zu verbessern und sagt dir auch, warum es Quatsch ist, acht Stunden in der Bibliothek „zu lernen“.
- Das Taschenbuch **„Deutsch fürs Jurastudium“** von *Monika Hoffmann* schult dich darin, dich richtig, eindeutig und verständlich auszudrücken. Das ist nicht nur für das Jurastudium wichtig.
- Generell sind die Taschenbücher von *Ferdinand von Schirach* sehr zu empfehlen. Das gilt insbesondere für seine Werke **„Der Fall Collini“** oder **„Die Würde ist antastbar“**.
- Sehr unterhaltsam, teilweise auch anspruchsvoll, sind übrigens auch **Videos auf YouTube**, z.B. vom ehemaligen BGH-Richter *Thomas Fischer*, bei der „Langen Nacht der Zeit“ oder *von von Schirach* sowie Herrn Di Fabio jeweils im Gespräch mit Richard David Precht über „Das Böse im Menschen“ bzw. über „Betreutes Leben – Wie uns Google, Facebook und Co. beherrschen“.
- Mit rechtlichen News kommst du am besten auf der **Online-Zeitschrift LTO** in Berührung. Die Nachrichten gibt es auch per WhatsApp oder im Newsletter. Kein anderes Medium schafft das so unterhaltsam.
- Das Programm **„Speed Reader Enhanched“** unterstützt beim Lesen langer Texte. Mit diesem Tool kann man das mühsame Erlernen der Techniken von Herrn Grüning etwas vernachlässigen. Lesen sollte man das Taschenbuch trotzdem.
- Auf der Internetseite des Anwaltvereins (**https://anwaltsblatt.anwaltverein.de/de/studium-und-referendariat**) findest du Antworten auf Fragen zum Jurastudium oder zur Juristenausbildung. Es gibt dort Rubriken wie Start ins Studium, Jura-Life-Balance und Prüfungen und Examen.

4. Chancen(un)gleichheit im Studium

Jura ist nicht nur das erste Studienfach der ältesten Universität des modernen Europas[22], das Studium hat darüber hinaus auch noch den Ruf, eine vergleichsweise konservative Wissenschaft zu sein. Das ist auch nicht verwunderlich, wenn man bedenkt, dass sich das deutsche

[22] Vgl. *Meder*, Rechtsgeschichte, S. 191 ff.

Jurastudium heute noch auf das Konzept der preußischen Juristenausbildung des 19. Jahrhunderts stützt.[23]

Lange stand die juristische Ausbildung in Deutschland nur einer homogenen Gruppe privilegierter, männlicher Studenten offen. Das hat sich glücklicherweise in den letzten (fast genau hundert Jahren) stark gewandelt.[24] Trotzdem gibt es auch heute an juristischen Fakultäten immer noch Strukturen, die zumindest indirekt einzelne Gruppen von Studierenden gegenüber anderen bevorzugen.

Ein Beispiel für diese unterschwellige Ungleichbehandlung ist etwa die Darstellung überholter Rollenbilder in juristischen Fallgestaltungen, wie eine Studie der wissenschaftlichen Mitarbeiterin Dana-Sophia Valentiner von der Humboldt Universität Berlin zeigt, bei der 87 Übungsfälle zweier Hamburger Hochschulen aus den unterschiedlichen Rechtsgebieten auf die Geschlechterdarstellung der Protagonisten untersucht wurde.[25] Das Ergebnis der Studie ist eindeutig. Von den 393 natürlichen Personen, die in den Übungsfällen vorkamen, waren lediglich 18 % weiblich. Eine Geschlechteridentität, die über das zweiteilige Geschlechterbild hinausgeht, findet sich in den Übungsfällen überhaupt nicht wieder.[26] Insbesondere in zivilrechtlichen Fallgestaltungen waren Frauen deutlich unterrepräsentiert und in den wenigen Fällen, in denen eine weibliche Person in einem Übungsfall agiert, wird knapp die Hälfte dieser Personen als Ehefrau, Ex-Freundin, Geliebte oder Bekannte eines genauer bezeichneten männlichen Protagonisten des Falls beschrieben. Bei der Darstellung von Berufen in Fällen sind Frauen ausschließlich im medizinischen und pädagogischen Bereich stark repräsentiert.[27] Die Auswertung der Studie zeigt, dass das Denken von Fall- und Klausurstellern bis heute in Geschlechterklischees verhaftet ist. Das ist insbesondere deshalb gefährlich, weil Menschen durch ihre Vorstellungskraft und die verwendete Sprache bei der Gestaltung ihrer Lebensrealität beeinflusst werden.[28] Repräsentation ist also nicht nur in Bezug auf Vorbildfunktion weiblicher Professuren, sondern auch im Kleinen wie eben bei der Fallgestaltung der Studieninhalte relevant.

---

[23] Vgl. *Schäfer*, Grundlegung der Juristenausbildung im 19. Jahrhundert, Greif-Recht 2013, 91.

[24] https://www.tagesspiegel.de/berlin/100-jahre-staatsexamen-fuer-frauen-die-jus tiz-in-berlin-ist-ueberwiegend-weiblich/24304876.html.

[25] https://www.uni-hamburg.de/gleichstellung/download/studie-rollenstereoty pen-geschlechterforschung-1.pdf.

[26] https://www.uni-hamburg.de/gleichstellung/download/studie-rollenstereoty pen -geschlechterforschung-1.pdf, *S.* 21 f.

[27] https://www.uni-hamburg.de/gleichstellung/download/studie-rollenstereoty pen -geschlechterforschung-1.pdf, S. 24.

[28] Timmer, Human Rights Law Review 2011, S. 707 (718).

Noch deutlicher zeigen sich geschlechtsbedingte Unterschiede von Jurastudierenden bei der Benotung im Staatsexamen. Obwohl seit den späten 1990er Jahren mehr Frauen als Männer das Studium der Rechtswissenschaften an deutschen Universitäten beginnen[29] und das auch mit deutlich besseren Abiturnoten, als ihre männlichen Kommilitonen, schnitten Frauen im ersten Staatsexamen um etwa 10 % schlechter ab, als männliche Studenten, wie aus einer vom Nomos Verlag in Auftrag gegebenen Studie aus dem Jahr 2014 hervorgeht.[30] Dies sei insbesondere auf die Benotung in mündlichen Prüfungen zurückzuführen. Bei gleicher schriftlicher Vornote schnitten weibliche Prüflinge in den mündlichen Pflichtfachprüfungen signifikant schlechter ab als männliche Examenskandidaten.[31] Das wurde darauf zurückgeführt, dass weibliche Prüflinge durch die Prüfungskommission als weniger selbstsicher eingeschätzt wurden, insofern als dass Frauen nonverbal weniger Bereitschaft gezeigt hätten auf Prüfungsfragen zu antworten.[32] An diesem Beispiel zeigt sich, dass auch heute noch veraltete Geschlechtervorstellungen in der juristischen Ausbildung die Bewertung von Studienleistungen beeinflussen.

Allerdings haben nicht nur weibliche Studierende im Jurastudium strukturelle Nachteile zu befürchten. Auch Studierende, die als sog. Bildungsaufsteiger einen nicht ausschließlich akademischen familiären Hintergrund besitzen, haben beispielsweise aufgrund fehlender Unterstützungsmöglichkeiten oder mangelndem Verständnis für die lange Studiendauer mehr Hürden zu überwinden, als Studierende, die einer Akademikerfamilie oder sogar einer Juristen-Familie entstammen. Genauso kann es sich negativ auf die Bewertung von Klausuren und Hausarbeiten auswirken, wenn Studierende ihre Lösungen nicht auf muttersprachlichem Niveau verfassen. Eine Studie des Justizministeriums des Landes Nordrhein-Westfalen hat bei der Untersuchung von Examensdurchgängen der Jahre 2006 bis 2016 ermittelt, dass Studierende mit einem „zugeschriebenen Migrationshintergrund“ in beiden Staatsexamina schlechter abschnitten. Auch hier waren die mündlichen Prüfungen ein entscheidender Faktor.[33]

---

[29] Juliane Roloff/Ulrike Schultz, Warum gibt es so wenige Juraprofessorinnen?, S. 104.

[30] http://www.zdrw.nomos.de/fileadmin/zdrw/doc/2014/Aufsatz_ZDRW_14_01_Towfigh_u.a.pdf.

[31] http://www.zdrw.nomos.de/fileadmin/zdrw/doc/2014/Aufsatz_ZDRW_14_01_Towfigh_u.a.pdf, S. 20.

[32] http://www.zdrw.nomos.de/fileadmin/zdrw/doc/2014/Aufsatz_ZDRW_14_01_Towfigh_u.a.pdf, S. 25 f.

[33] https://www.hertie-school.org/fileadmin/4_Debate/Press_releases/2018-04-26 _Traxler_juristischer_Staatsexamen/Zusammenfassung_Geschlechts-undHerkunftseffektebei_der_Benotung_juristischer_Staatsexamen.pdf, S. 4 ff.

Mit diesen Ausführungen wollen wir dich keinesfalls demotivieren oder gar abschrecken. Es geht uns vielmehr darum, Sensibilität für ein gewisses Maß an Chancenungleichheit, das dir im Jurastudium begegnen kann, zu vermitteln. Solltest du das Gefühl haben, dass du mit besonderen Schwierigkeiten zu kämpfen hast, die andere Studierende nicht zu betreffen scheinen, ist es wichtig, aktiv zu werden und sich über Beratungs- und Unterstützungsangebote zu informieren. So wie Universitäten seit Jahrzehnten pflegende Studierende oder Studierende mit Kindern fördern, gibt es auch interne Anlaufstellen, die dich nach deinen spezifischen Bedürfnissen fördern oder bei Fällen von Benachteiligung oder Diskriminierung unterstützen, wie z.B. das Hochschulbüro für Chancenvielfalt, die Gleichstellungsbeauftragten der juristischen Fakultät, die Gleichstellungsinitiativen des Allgemeinen Studierenden Ausschusses deiner Universität und interne Mentoring-Programme.[34] Darüber hinaus kannst du auch Angebote von außeruniversitären Vereinen wie z.B. Arbeiterkind e.V. in Anspruch nehmen, der auf die Förderung von Studierenden aus nicht-akademischen Familien spezialisiert ist. Das wichtigste ist, dass du dich für den Fall, dass du dich mit besonderen Hürden oder Ungerechtigkeiten während des Jurastudiums konfrontiert siehst, nicht von deinen Zielen abbringen lässt. Hol dir Unterstützung und kommuniziere deine Erlebnisse. Nur so können wir in Zukunft Chancengleichheit im Jurastudium verwirklichen.

Ein Beispiel für eine solche außeruniversitäre Unterstützung ist das Netzwerk breaking.through, das erfolgreiche Juristinnen potraitiert und damit weibliche Vorbilder für nachwachsende Generationen von Juristinnen und Juristen sichtbar macht. Wir haben die Gründerin von breaking.through Dr. Nadja Harraschain interviewt und sie danach gefragt, was sie dazu motiviert hat, das Netzwerk ins Leben zu rufen.

---

[34] Beispiele: https://www.jura.uni-bonn.de/studium/lehrangebote/deutsch-als-fremdsprache/juraspezifischer-deutschkurs-fuer-auslaend-master-und-oder-hauptfachstudierende/;https://www.jura.uni-hamburg.de/die-fakultaet/gremien-beauftragte/gleichstellungsbeauftragte.html; https://www.jura.fu-berlin.de/studium/mentoring/index.html.

5. Interview mit Dr. Nadja Harraschain, Gründerin und Geschäftsführerin von breaking.through

Zur Person: *Dr. Nadja Harraschain* ist Rechtsreferendarin am OLG Frankfurt a.M. Sie studierte Jura in Freiburg, war Stipendiatin der Studienstiftung des Deutschen Volkes und gewann zahlreiche Preise (u.a. bei PANDA Law 2017 und dem Willem C. Vis International Commercial Arbitration Moot). Neben einem von der FAZIT-Stiftung geförderten Forschungsaufenthalt an der Columbia Law School in New York für ihre Promotion an der Universität Basel war sie bereits für mehrere internationale Wirtschaftskanzleien sowie die VWA Freiburg tätig. Nadja hält regelmäßig Vorträge und publiziert im Bereich des internationalen Schiedsverfahrensrechts und zu den Themen Netzwerken und Diversity. Sie hat zwei Kinder und lebt in Frankfurt am Main.

Frage: Während Deiner Promotion hast Du breaking.through ins Leben gerufen. Was ist oder was macht breaking.through und welche Umstände haben Dich dazu bewogen?

Harraschain: breaking.through ist eine Plattform, die mithilfe von Vorbildern insbesondere Juristinnen Inspiration für den eigenen Werdegang bietet. In über 150 Interviews mit erfolgreichen Juristinnen aus verschiedensten Branchen stellen wir Fragen rund uns Thema Karrierewege, Karriere als Frau und Karriere mit Familie. Dabei fassen wir den Begriff Karriere gezielt weit, um mit unseren Porträts möglichst viele Jurist*innen zu inspirieren.

Über die Porträts hinaus bieten wir die Möglichkeit, bei zahlreichen Paneldiskussionen mit Jurist*innen aus unserem Netzwerk mehr von ihnen zu erfahren. Für Juristinnen bieten wir außerdem immer wieder Workshops zum Training von Soft Skills an. Darüber hinaus gibt es eine Ratvermittlung, bei der wir Juristinnen eine erfahrene Gesprächspartnerin für ein einmaliges ca. 30-60-minütiges Gespräch zu einer spezifischen, karriererelevanten Frage vermitteln. All unsere Angebote sind kostenlos.

Breaking.through ist aus der Erkenntnis heraus entstanden, dass es auch in der juristischen Branche noch immer deutlich weniger Frauen als Männer in Führungspositionen gibt. Infolgedessen fehlt es gerade Juristinnen immer wieder an erlebbaren Vorbildern, die Inspiration für den eigenen Werdegang bieten. Man muss sich nur mal vor Augen führen, dass man in Deutschland noch immer Jura studieren kann, ohne eine einzige Vorlesung bei einer Professorin gehört zu haben. Infolgedessen kommt es immer wieder dazu, dass Juristinnen bestimmte

Werdegänge für sich persönlich nicht in Betracht ziehen – oftmals sogar, ohne sich dessen bewusst zu sein. Hier setzen wir an.

Frage: Heute ist breaking.through nicht nur in Deutschland, sondern auch in der Schweiz präsent und besteht aus 30 Jurist*innen, Entwicklung steigend. Wie hat das geklappt und was waren rückblickend entscheidende Schritte dabei?

Harraschain: Ich denke, hier sind einige entscheidende Faktoren zusammengekommen, von denen ich im Folgenden insbesondere drei herausgreifen möchte. Einerseits hat sich in der juristischen Branche inzwischen die Erkenntnis durchgesetzt, dass es immer noch ein Ungleichgewicht von Männern und Frauen in Führungspositionen gibt und das hier Handlungsbedarf besteht. Insofern war breaking.through bei seiner Gründung im Jahr 2018 das richtige Projekt zur richtigen Zeit.

Andererseits haben wir sehr davon profitiert, schon in der Gründungsphase von herausragenden Juristinnen unterstützt zu werden. Zunächst waren dies insbesondere Juristinnen aus meinem privaten Netzwerk, wie meine Doktormutter Prof. Dr. (em.) Ingeborg Schwenzer, LL.M., die vor ihrer Emeritierung Inhaberin eines Lehrstuhls an der Universität Basel war, oder Dr. Dorothee Ruckteschler, heute Managing Partner bei Dorothee Ruckteschler Dispute Resolution und damals noch Partnerin bei CMS. Nach kurzer Zeit hat auch Dr. Katarina Barley, die damals noch deutsche Justizministerin war, zugesagt. Das hat der Plattform innerhalb kurzer Zeit die nötige Seriosität gegeben.

Zuletzt wäre breaking.through nicht denkbar, wenn wir nicht in sehr kurzer Zeit zu einem Team aus zahlreichen motivierten und engagierten Jurist*innen herangewachsen wären. Das finde ich umso bemerkenswerter, als alle im Team ehrenamtlich arbeiten und viele der Teammitglieder auch neben breaking.through sehr aktiv sind.

Frage: Gibt es wiederkehrende Learnings, die sich in Euren Interviews immer wieder herausstellen?

Harraschain: Die gibt es sicherlich, auch wenn das Learning zum Teil bedeutet, dass es zu einzelnen Fragen typischerweise mindestens zwei verschiedene Antworten gibt. Etwa betonen einige Juristinnen, dass sich ein Doktortitel gerade für Juristinnen lohnen kann, um unconscious bias entgegenzuwirken. Demgegenüber halten andere Juristinnen einen Doktortitel allgemein für nicht erforderlich.

Vergleichbar dazu stimmen zwar die meisten Juristinnen darin überein, dass eine Tätigkeit in Teilzeit aufgrund des hohen Workloads meist mit einem Teil unbezahlter Arbeit einhergeht. Ebenso herrscht Einigkeit darüber, dass es wichtig ist, sich die nötige Zeit für seine Familie zu nehmen. Einen Unterschied sehe ich aber dahingehend, dass einige Juristinnen eine Vollzeittätigkeit vorziehen, um nicht unbezahlt zu arbeiten, während andere Juristinnen es schätzen, durch eine Teilzeittätigkeit seltener ein schlechtes Gewissen zu haben.

Insgesamt ist mein größtes Learning aus den Interviews aber, dass kein einziger Werdegang einem anderen gleicht. Und das ist eigentlich eine schöne Message: Es gibt zwar kein Patentrezept, aber man verbaut sich auch nichts, nur weil man seinen eigenen Weg geht.

Frage: Welche Ziele hast Du/habt Ihr noch mit breaking.through?

Harraschain: Wir wollen Jurist*innen auch weiterhin viel Inspiration, Mut und Motivation für ihre eigenen Werdegänge vermitteln. Dabei arbeiten wir gerade im Sinne eines intersektionalen Ansatzes insbesondere daran, noch diverser in unseren Porträts zu werden, um noch mehr Jurist*innen mit unserem Anliegen zu erreichen.

Frage: Was ist Dein persönlicher Rat für junge Studierende?

Harraschain: Ich empfehle jungen Studierenden, sich die Möglichkeit zu geben, sich auszuprobieren und über den eigenen Tellerrand hinauszuschauen. Es ist viel mehr wert, abseits des eigentlichen Studiums Erfahrungen zu sammeln, als sich nur auf seine Klausuren etc. zu konzentrieren. Insofern hilft es immer, neugierig und offen für andere Menschen und für neue Erfahrungen zu sein.

> Mehr zu breaking.through findet Ihr unter www.breakingthrough.de und www.breakingthrough.ch.

III. (Planung der) Studienabschnitte

Die meisten Studenten – so auch wir – gehen völlig unvorbereitet in ihr Studium. In unserer eigenen Einführungswoche konnten wir feststellen, dass der Ablauf des gesamten Studiums den Studierenden zwar abstrakt erläutert wird, wegen der vielen Regeln und Ausnahmen besteht im Detail jedoch große Unsicherheit und Unkenntnis. Viele Informationen fallen schlicht auch hinten über, wobei dies bei der Datenflut in diesen ersten Wochen auch nicht überraschend ist.

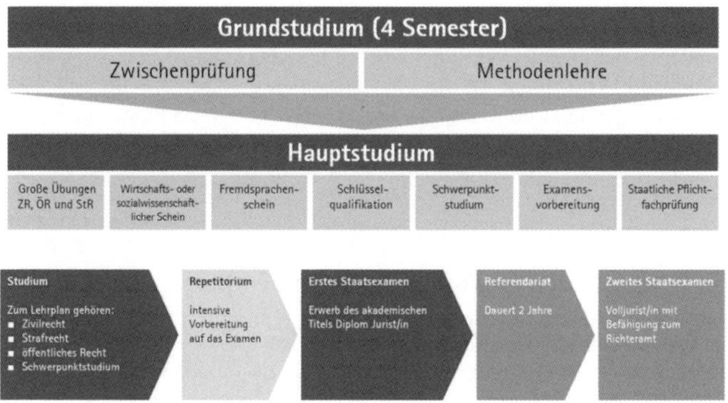

Ablauf des Studiums – vom ersten Semester bis zum Berufsstart[35]

Wer wissen will, welche tollen Lehrveranstaltungen und spannende Angebote einem die Uni zur Verfügung stellt, muss sich (mehr als nur einmal) mit der Studienordnung auseinandersetzen und sollte unbedingt das Vorlesungsverzeichnis sichten.

Aus unserer Tätigkeit als Erstsemestertutoren wissen wir, dass sich nur die wenigsten Studierenden überhaupt mit der Planung ihres Studiums vorher beschäftigen und einen Ablauf ihres gesamten Studiums erstellen. Viele Studenten planen einfach von Semester zu Semester, machen nur das Nötigste und verlassen sich auf Aussagen anderer Kommilitonen. Blöd nur: Die machen es meist auch nicht besser.

---

[35] Bildquellen: www.jura.uni-hannover.de/ablauf.html?&L=1; Studienablauf am Beispiel der Universität Hannover.

Spannende Lehrangebote abseits der Hauptveranstaltungen sind so ein oft verkanntes Angebot. Häufig geben aber gerade sie dem Studium das gewisse Etwas. In der Regel werden diese von externen Dozenten angeboten, die nicht nur top motiviert für ihre Sache brennen, sondern häufig auch Experten in ihrem Gebiet sind. Ihre Leidenschaft kann anstecken, und durch den Praxisbezug gelingt regelmäßig ein anschaulicher und leicht zugänglicher Wissenstransfer.

Wer diese Möglichkeiten liegen lässt, verbaut sich weit mehr als nur die Teilnahme an wirklich spannenden Veranstaltungen und einer Menge Fun. Wer so studiert, verbringt, platt gesagt, im Durchschnitt acht bis neun Semester – also mindestens vier (!) Jahre – allein mit der juristischen Falllösung. Die Chance, in dieser Zeit auch sein eigenes Profil zu schärfen und sich ggf. für einen späteren Arbeitgeber interessant und wertvoll zu machen, wird leichtfertig vertan. Dabei erhöht ein konkretes Berufsziel die Motivation des gesamten Studiums. Hier wird studentische Freiheit mit Planlosigkeit verwechselt.

Unsere Vorschläge in diesem und anderen Kapiteln sollen deshalb als Motivation für eine eigene, aktive Auseinandersetzung mit deinem Studienangebot verstanden werden. Es gibt kein Patentrezept. Die Planung deines Studiums liegt bei dir, genauso wie du selbst für den Spaß in deinem Studium verantwortlich bist.

1. Planung ist die halbe Miete

Erklärtes Ziel deiner Studienwahl ist das erste Examen. Ergibt es deshalb nicht Sinn, schon ab dem ersten Semester die Voraussetzungen für eine möglichst optimale Zeit der Examensvorbereitung zu schaffen?

Für dich als Erstsemester mag das alles noch in weiter Ferne liegen. Gerade deshalb sind aber die Voraussetzungen perfekt. Wer sich schon jetzt in Ruhe hinsetzt und umsichtig plant, stellt wichtige Weichen für eine bestmögliche Examensvorbereitung. Das spart Zeit und Nerven – und ist damit ein wichtiger Grundpfeiler für ein entspanntes Studium.

Wie fatal eine schlechte Planung sein kann, zeigt das Beispiel eines Kommilitonen, der sich während des Grundstudiums nicht in die Veranstaltung „Juristische Methodenlehre" eingeschrieben hatte. Dieser Fehler fiel erst bei der Anmeldung zum Schwerpunktstudium auf, für den dann keine Zulassung erteilt wurde. Ein ganzes Semester ging quasi allein für die wöchentlich 1½ stündige Vorlesung drauf. Alle übrigen Scheine waren bereits erfolgreich bestanden.

Regelmäßig bieten die Universitäten verschiedene grafische Übersichten für die Gestaltung deines Studiums, an denen du dich orientieren kannst. Vor allem aber verschafft dir ein Blick in die Studienordnung und das jeweilige Juristenausbildungsgesetz deines Bundeslandes die Möglichkeit, dir einen alternativen Studienablauf zu konstruieren.

So schlägt beispielsweise die Uni Hannover ihren Studierenden vor, ab dem 5. Semester mit dem Schwerpunktstudium zu beginnen, um dieses parallel zur Examensvorbereitung im 6. Semester zu beenden. Zwingend ist das nach der Studienordnung in Hannover nicht. Die meisten Studierenden beginnen mit dem Schwerpunkt deshalb erst nach dem Examen.

Damit du dir durch unbedachtes Handeln nicht einige Möglichkeiten verbaust, solltest du zumindest eine Sache genau im Blick haben: Den Freischuss.

Die Möglichkeit zum „Freischuss" besteht regelmäßig bis zum Ende der Regelstudienzeit, also dem 9. Semester. Schreibt ein Student seine Examensklausuren im Freischuss, wird ihm im Falle des Nichtbestehens der staatlichen Pflichtfachprüfung ein **zusätzlicher Versuch** (somit insgesamt drei, statt der regulären zwei Versuche) und im Falle des Bestehens ein Verbesserungsversuch eingeräumt. Für Studierende soll dadurch ein Anreiz für ein zügiges Studium geschaffen werden.

> Die genauen Bedingungen des Freischusses (auch Freiversuch genannt) hängen vom jeweiligen Bundesland ab.[36]

Wer sich die Option auf den Freischuss offenhalten möchte, muss also bis zum Ende des 9. Semesters alle Examensklausuren geschrieben haben und als Voraussetzung dazu überhaupt scheinfrei, zum Examen zugelassen und dafür auch entsprechend vorbereitet sein.

Hierbei wird deutlich: Das erfordert etwas Planung. Zwar sind die Hauptveranstaltungen so angeordnet, dass du zeitlich vor keine Probleme gestellt wirst. Um den rechtzeitigen Erwerb aller erforderlichen Nebenscheine musst du dich jedoch selbst kümmern, ebenso wie um die Pflichtpraktika. All dies muss auf deine Studienzeit aufgeteilt werden.

2. Die Stoffmenge bewältigen

Das Juristenausbildungsgesetz sieht eine universitäre **Regelstudienzeit von neun Semestern** bis zum Abschluss der ersten juristischen Prüfung vor. An dieser Regelstudienzeit orientieren sich logischerweise auch die Studienpläne der verschiedenen juristischen Fakultäten.

---

[36] Weitere Informationen findest du im Kapitel zur Examensvorbereitung.

Schade nur, dass – auch nach Einführung des *Freischuss*[37] – die **durchschnittliche Studiendauer** immer noch **zehn Semester** beträgt.[38] Damit sind die Studierenden entweder immer noch viel zu langsam oder – Spaß beiseite – das Ausbildungsgesetz beschreibt eine Situation, die sich mit der Wirklichkeit schlicht nicht deckt.

Der von den Universitäten ausgegebene Lehrplan liegt regelmäßig an der oberen Grenze des Machbaren. Wer jede Vorlesung besucht und nacharbeitet, hat viel zu tun und bereits deshalb wenig Freizeit. Diese Ausrichtung eines ganzen Studiums auf neun Semester bedeutet für die darauf gepolten Studierenden nicht nur viel Stress, sondern ist gerade für diejenigen, die auf BAföG angewiesen sind, schlicht unfair. Aus finanzieller Sicht *müssen* sie das Studium in der „Regelstudienzeit" schaffen.

Die Nachbereitung einzelner Hauptveranstaltungen jedoch in die Semesterferien verschieben zu wollen, ist nicht nur eine schlechte Idee, sondern keine Option. In diese Zeit fallen nämlich zu Beginn noch die Semesterabschlussklausuren, möglicherweise ein Ferienjob, sicher aber die Erstellung der Hausarbeit, die gezielte Nacharbeit einzelner Probleme und dein wohlverdienter Urlaub. Schon während des Semesters solltest du deshalb in die Nachbereitung des Vorlesungsstoffes kommen.

Randgebiete und Vorlesungen zum Prozessrecht, die für den Abschluss der Zwischenprüfung keine Rolle spielen, sollten deshalb nur dann besucht werden, wenn du Spaß an der Sache findest und der Professor den Stoff gut vermitteln kann. Bei dem Besuch dieser Vorlesungen kannst du es oftmals belassen. Für dein juristisches Verständnis ist vor allem wichtig, **Zusammenhänge zwischen einzelnen Rechtsgebieten zu erkennen** und die allgemeinen Prinzipien dahinter zu verstehen. Dafür ist das **aktive** Zuhören hier völlig ausreichend. Wenn du dich in der Examensvorbereitung dann erneut mit diesen Randgebieten auseinandersetzt, wirst du erstaunt sein, wie viele Informationen dein Gehirn noch abgespeichert hat.

Beim **Lernen von Definitionen** ist es empfehlenswert, sich selbst zu fragen, wie man gewisse juristische Begriffe, wie beispielsweise „Glaubensfreiheit", definieren würde. Was ist „Glaube"? Genau vor dieser Aufgabe stehen immer wieder unsere Richter – das wird oft vergessen. Definitionen sind ja nicht einfach vom Himmel gefallen, sondern das Produkt mitunter langer Denk- und Diskussionsprozesse.

---

[37] Genaue Informationen im Kapitel über die Examensvorbereitung.

[38] Siehe Ausbildungsstatistik „Übersicht über die Dauer des Studiums" des BfJ vom 09.11.2017.

Mach doch spaßeshalber die Probe und vergleiche deine Glaubens-Definition mit der des Bundesverfassungsgerichts.[39]

Du merkst, vom eigenen Nach*denken* bist du nicht ausgeschlossen. Irgendwann ist das auch gar nicht mehr schwer. Je länger du studierst, desto einfacher wird es dir fallen, selbst Definitionen zu bilden. Durch die Fallarbeit kommt man immer wieder mit verschiedenen Definitionen in Berührung und passt seine Sprache dem rechtlichen Duktus immer weiter an.

Irgendwann kennt man die **Schlagwörter**, auf die es ankommt. Um diese herum bildet man dann den Rest, so dass es irgendwie schlüssig klingt.

Der Vorteil dieser Methode liegt nicht nur in der **Zeitersparnis**, sondern auch in der **aktiven Auseinandersetzung** mit dem Stoff. Wir haben deshalb nie sehr viel Wert auf das stumpfe Auswendiglernen des exakten Wortlauts einer Definition gelegt. Sogar in unseren Examensklausuren haben wir uns einige Definitionen einfach selbst zusammengereimt.

Das wirkt sich auch nicht nachteilig auf die Note aus. Dem Korrektor geht es nicht darum, dass du die „richtige Definition" kennst. Das liegt auch daran, dass es „diese eine Definition" häufig gar nicht gibt. Im Internet findest du etwa in den Lösungsskizzen unterschiedlicher Unis auch verschiedene Definitionen desselben Begriffs. Der Korrektor beurteilt allein, ob das, was du gerade geschrieben hast, in sich stimmig ist. Dabei liegt ein Augenmerk auf einzelnen Schlagwörtern, die unterstrichen und am Korrekturrand abgehakt werden können. Der restliche Teil deiner Ausarbeitung wird dagegen nicht selten sowieso nur mehr oder weniger überflogen.

Eine Ausnahme von diesem freien Umgang mit Definitionen gilt jedoch **in den ersten zwei Semestern**. In dieser Zeit soll dir der Gutachtenstil, als Grundlage des juristischen Denkens, beigebracht werden. Deshalb achten Korrektoren in dieser Zeit ganz besonders darauf, ob du den in den Arbeitsgemeinschaften eingeübten schematischen Aufbau beherrschst und teilweise eben auch darauf, wie gut die dort verwendeten Definitionen „sitzen"; was konkret bedeutet, wie gut du sie auswendig kannst.

[...] die Aufgabe des Jurastudiums ist nicht, eine unendliche Fülle von Einzelwissen zu vermitteln. „Examensreif" ist man nicht, wenn man dicke rote Gesetzessammlungen auswendig kennt oder mög-

[39] "Glaube ist die Überzeugung des Menschen von seiner Stellung in der Welt und seiner Beziehung zu höheren Mächten und tieferen Seinsschichten" – Diese Definition ist den Richtern des BVerfG wirklich gut gelungen.

lichst viele Entscheidungen des Bundesverfassungsgerichts oberflächlich repetieren kann. Kein Fall ist wie der andere. […] Aber es kommt tatsächlich stets darauf an zu fragen: „Warum ist das so? Darf der das? Wer hat das erlaubt?" Dafür muss man natürlich die Fachsprache und Fachgedanken einüben, darin besteht ein Großteil des Studiums. Aber vor allem muss man sich vom Einzelfall lösen und lernen, sich systematisch normative Regeln zu erschließen, die man bei der Lösung anderer Fälle anwenden kann. Wer das kapiert, hat neben dem Studium viel Zeit.[40]

Ausgewählter Ausschnitt eines Interviews der Zeit Campus mit dem ehemaligen BGH-Richter Prof. Dr. Thomas Fischer

Richtig gut Lernstoff einsparen lässt sich auch beim **Auswendiglernen von lateinischen Begriffen**. Die wenigen wichtigen Floskeln – du wirst sie an ihrer Häufigkeit der Verwendung erkennen – sind dir irgendwann von allein geläufig. Die übermotivierten Studierenden, die solche Dinger raushauen und meinen, sich dadurch profilieren zu können, fanden wir immer am schlimmsten. Durch möglichst komplizierte Sprache versuchen sie, die Banalität ihrer Gedanken zu vertuschen. Fang bloß erst gar nicht mit solch elitärem Geschwurbel an. Wozu soll das gut sein? Diese umständliche und geschwollene Sprache hat nur zur Folge, dass sich viele Leute in unserer Gesellschaft schlicht nicht angesprochen fühlen und sich abwenden. Gerade unser Recht und unser Gesetz sollten den Anspruch haben, für möglichst viele Bürger zugänglich und verständlich zu sein.

3. Vorteile einer guten Planung

Wer einen Plan aufstellt, der auch realistisch in die Tat umsetzbar ist, macht das eigene Studium überschaubarer. Ab diesem Zeitpunkt kann, auch in hektischen Phasen, viel konkreter auf gesteckte (Zwischen-)Ziele hingearbeitet werden. Dadurch stellt sich nicht nur eine bewusste Wahrnehmung einzelner Erfolgserlebnisse ein, auch die eigene Motivation steigt enorm. Regelmäßig kann dieser Spaß am Studium auch in ein gutes Examen umgemünzt werden.

Wichtig ist, sich immer wieder bewusste Auszeiten zu nehmen und diese unbedingt auch als solche zu gestalten. Dein Arbeitspensum sollte deshalb so bemessen sein, dass du zumindest jeden Abend unter der Woche und auch am Wochenende abschalten kannst.

---

[40] www.zeit.de/campus/2014/06/thomas-fischer-jurastudium-vorurteile-auswendig-lernen/komplettansicht.

Dein juristisches Verständnis wird sich eher in Ruhephasen ausprägen. Das ist nicht verwunderlich, sondern mittlerweile lernpsychologisch erwiesen. Achte vor allem mal in den Semesterferien darauf. In dieser Zeit gibt es immer wieder Momente, in denen man ganz plötzlich das Verständnis für ein juristisches Problem aufbringt, an dem man vorher noch verzweifelt ist. Alleine, dass man sich mal mit ganz anderen Dingen beschäftigt hat, kann ausreichen. Auf einmal macht es „klick", ohne dass dafür Studienkommentare oder die Recherche im Internet notwendig wären. Wir können dir wirklich nur empfehlen, nicht durchgängig Jura zu betreiben, sondern deinem Gehirn auch die nötigen Pausen zu geben, damit Platz für neuen Input geschaffen werden kann.

Nicht selten wird man sich, vor allem mit zunehmender Studiendauer, jedoch dabei ertappen, wie sich in diesen Auszeiten immer wieder ein schlechtes Gewissen einspielt. Es gibt ständig noch etwas nachzulesen oder zu lernen. Dieses schlechte Gewissen abzuschütteln muss man sich auch erst antrainieren. Das ist die eigentliche Kunst des Studiums.

Dazu später mehr im Abschnitt *„Mit der Examensangst umgehen"*.

4. Aktives Lernen

Wir empfehlen dir eine aktive Mitarbeit, egal ob in der Vorlesung oder der Arbeitsgemeinschaft. Wir waren uns nie zu schade, uns auch in der Vorlesung zu melden und Fragen direkt an den Professor zu stellen. Wer, wenn nicht dieser Experte, kann dir eine vernünftige Antwort auf deine Fragen geben? Nachzufragen, wenn du etwas nicht verstehst, ist dein gutes Recht. Schließlich bekommt der Professor gerade auch für die Wissensvermittlung sein Geld.

Für dieses Verhalten kannst du unter deinen Kommilitonen natürlich schnell bekannt werden: „Ach, das ist doch der, der sich immer so viel meldet". Das sollte dir jedoch egal sein. Für dich zählt mit Blick auf das Staatsexamen in diesem Moment stets nur Eines, und zwar, dass du den Stoff verstehst. Natürlich wissen wir, dass einige Menschen Probleme damit haben, vor einer großen Gruppe zu sprechen. Das erfordert mitunter einiges an Mut. Sofern auch du zu diesen Menschen gehörst, empfehlen wir dir, dir zumindest Notizen während der Vorlesung zu machen und damit am Ende der Stunde nach vorne zum Professor zu gehen.

Übrigens: Durch diesen stetigen Austausch mit dem Professor wird dieser auf dich aufmerksam. Das kann mitunter für eine Stelle als studentischer Mitarbeiter nicht uninteressant sein.

Zusätzlich zu dieser bewussten Entscheidung hin zu einer aktiven Lernhaltung gibt es eine Fülle an Literatur, die hilfreiche Ratschläge zu bewährten Lerntechniken, zur Selbstmotivation oder zur Effektivitätssteigerung vermittelt – und so das Defizit entsprechender Lehrinhalte in Schule und Studium kompensiert. Wieso eigentlich nicht mal „Lernen lernen"? Dafür hast du im Studium keine Zeit?

5. Umgang mit schlechten Professoren und AG-Leitern

Leider gibt es Professoren, bei denen man den Eindruck hat, sie lebten in der Vorstellung, die Einrichtung der Universität diene einzig und allein ihrer Forschung. Sie können ihren Stoff nicht gut vermitteln und haben offensichtliche Probleme mit dem Umgang neuerer Präsentationsmedien.

Es nützt nichts, seine Zeit in derartigen Vorlesungen zu verschwenden. Nichts zu tun ist aber auch keine Alternative. Deshalb sollte man auf solche Umstände unterschiedlich reagieren:

Die Vorlesung eines Professors, der unvorstellbar schlecht in der Vermittlung des Stoffs ist, den du aber fachlich für sehr gut hältst und der dir grundsätzlich auch sympathisch ist, solltest du dennoch einfach eine Zeit lang nicht besuchen. In dieser freien Zeit gibst du dann jedoch richtig Gas. Besorg dir ein kurzes Skript zum entsprechenden Thema und bring dir den Stoff möglichst schnell selbst bei. Danach geht's zurück in die Vorlesung, der man nun hoffentlich viel besser folgen kann. In der Zwischenzeit haben viele Studierende die Vorlesung wahrscheinlich ebenfalls verlassen. Die kommen aber nicht mehr wieder.

Wenn du aber das Gefühl hast, das mit dem Prof, das wird nichts, der kann mir einfach nichts beibringen, dann sei konsequent und lass es. Für diese Fälle gibt einem zum Glück das Internet die Möglichkeit, sich anderweitig über den entsprechenden Vorlesungsstoff zu informieren. An dieser Stelle ist insbesondere das Online-Angebot der LMU München hervorzuheben. Die dort aufgezeichneten Vorlesungen sind kostenlos und von ausgezeichneter Qualität. Gerade im Zivilrecht kann einem Prof. Dr. Lorenz das Wissen so vermitteln wie kein anderer. Mit seinen Podcasts kannst du den Stoff kinderleicht erlernen, für den sich andere Studierende ein ganzes Semester durch die Vorlesung quälen.

Die Podcasts von Prof. Dr. Stephan Lorenz findest du unter: www.lorenz.userweb.mwn.de/podcastallg.htm.

Für einen schlechten AG-Leiter gilt dabei ähnliches: Die AG so lange wechseln, bis es passt! Ein guter AG-Leiter ist unverzichtbar für dein juristisches Verständnis und spart dir unglaublich viel Zeit bei der Nacharbeit.

Diese Vorteile sind derart wichtig, dass du in den ersten Semesterwochen am besten mehrere AGs parallel besuchen solltest, bis du die für dich Richtige gefunden hast. Da viele AG-Leiter auch in den nächsten Semestern wieder eine AG anbieten, kannst du auf diesen einmal aufgebauten Erfahrungsschatz immer wieder zurückgreifen. Auch kannst du deine AG-Leiter nach kompetenten Nachfolgern fragen. Dies können erneut „Volltreffer" sein.

Für einen Platz in einer „guten" AG musst du alles tun. Du solltest dich beispielsweise trotz limitierter Plätze einfach in eine AG setzen oder die Abendveranstaltungen eines AG-Leiters, der den Stoff gut vermittelt, besuchen. Diese Kurse sind regelmäßig nur spärlich besucht, weshalb eine sehr individuelle Betreuung möglich ist. Die Ersparnis an Mehrarbeit, die euch diese Menschen abnehmen, ist es allemal wert; auch wenn du dadurch einen eher bescheidenen Stundenplan haben solltest.

Gerne raten einem AG-Leiter dazu, mit der Nacharbeit des Erlernten noch am gleichen Tag anzufangen, damit sich der Lernstoff verfestigt und verinnerlicht. Nun ja, Recht haben sie sicherlich. Aber manchmal ist Sport oder Ausgehen mit den Freunden einfach wichtiger, auch um den Kopf mal wieder richtig frei zu bekommen.

Bei der Nacharbeit rutscht man schnell in eine stumpfe Wiederholung der AG-Fälle ab. Man versucht, gewisse Formulierungen und Definitionen aus der Lösungsskizze zu übernehmen, auch weil das eigene Wissen zur Lösung schlicht noch fehlt. Dabei darf nicht vergessen werden, sich auch bewusst mit der Lösung auseinanderzusetzen und diese nicht bloß stumpf zu adaptieren. „Warum ist das so?" muss dein Ansatz sein.

IV. Einführungsphase und Grundstudium

Das Studium lässt sich in fünf grobe Abschnitte – Einführungsphase, Grund- und Hauptstudium, Examensvorbereitung sowie Schwerpunktbereichsstudium – einteilen.

Der Übergang zwischen diesen einzelnen Abschnitten ist fließend, hängt von deinem eigenen Studientempo ab und kann nicht klar in unterschiedliche Semester eingeteilt werden. Eventuell benötigst du deshalb auch Informationen aus anderen Kapiteln. Hier hilft ein Blick ins Inhaltsverzeichnis.

In der Regel endet das Grundstudium nach vier Semestern mit der Zwischenprüfung. Abhängig von der Universität, an der du studierst, sind an ihr Bestehen unterschiedliche Voraussetzungen geknüpft. Übereinstimmung besteht jedoch darin, dass die Zwischenprüfung jeweils erfolgreiche Teilnahmen im Bürgerlichen Recht, Strafrecht, Öffentlichen Recht sowie in einem Grundlagenfach wie z.B. Rechts- oder Verfassungsgeschichte, voraussetzt.

Im ersten Semester wirst du deshalb mit je einer solchen Veranstaltung und einer zugehörigen Arbeitsgemeinschaft an das Recht herangeführt.

1. Der Weg bis zur Zwischenprüfung

An diese Einstiegsvorlesungen aus dem Zivil-, Straf- sowie dem Öffentlichen Recht des ersten Semesters knüpfen weitere Kernfächer und ggf. zugehörige Arbeitsgemeinschaften an.

Thematisch werden folgende Inhalte bzw. Rechtsgebiete in der Zwischenprüfung abgehandelt (s. Tabelle nächste Seite).

Von deiner Uni hängt ab, ob alle diese Rechtsgebiete auch Gegenstand einer Klausur sind. Dort, wo Universitäten auf Abschlussklausuren verzichten, hat sich jedoch gezeigt, dass Vorlesungen nur spärlich besucht werden. Das kann sich später rächen.

In unserem Durchgang der großen Übung im Öffentlichen Recht entstand eine erhöhte Durchfallquote, weil klausurfreie Vorlesungen im Polizei-, Bau- oder Kommunalrecht im Grundstudium nur von wenigen Studierenden besucht wurden. Nachträglich wurde dieser Lehrstoff also doch klausurrelevant. Daraufhin mussten einige Studierende ordentlich strampeln, andere haben die große Übung gar nicht erst antreten können. Vermeidbarer Stress bzw. Zeitverlust.

Zivilrecht	Öffentliches Recht	Strafrecht
Vertragsrecht	Grundrechte	Strafrecht Allgemeiner Teil
Schuldrecht Allgemeiner Teil	Staatsorganisationsrecht	Strafrecht Besonderer Teil: Vermögensdelikte
Schuldrecht Besonderer Teil: Einzelne vertragliche Schuldverhältnisse	Europarecht	Strafrecht Besonderer Teil: Nichtvermögensdelikte
Deliktsrecht	Verwaltungsprozessrecht	Grundzüge des Strafprozessrechts
Geschäftsführung ohne Auftrag und Bereicherungsrecht	Verwaltungsrecht allgemeiner Teil	
Sachenrecht	Besonderer Teil des Verwaltungsrechts (Polizei-, Bau- und Kommunalrecht)	
Einzelne Grundlagenfächer wie z.B. Handelsrecht, Arbeitsrecht oder Zivilprozessrecht		

Tabelle: Inhalte bzw. Rechtsgebiete in der Zwischenprüfung

Im Laufe des Grundstudiums soll so eine Wissensvermittlung und -verfestigung von gewissen Rechtsnormen in zentralen Rechtsgebieten erreicht werden. Dabei geht es bei diesem, durch einzelne Vorlesungen künstlich erzeugten, bruchstückhaften Wissenstransfer nicht primär um die Erlangung ausgeprägter Detailkenntnisse in einzelnen Rechtsgebieten. Vielmehr soll der Studierende ein **generelles Gespür für juristische Zusammenhänge und Arbeitsmethoden** entwickeln.

Auch wenn das allgemeine Leistungsniveau in dieser Anfangsphase noch vergleichsweise niedrig angesetzt ist, führt das fehlende Verständnis von Zusammenhängen, das noch ungewohnte Denken in gänzlich neuen Strukturen und der immer neue Lernstoff schnell zu Orientierungslosigkeit und Überforderung. Der Unterschied zwischen Schule und Studium ist hier deutlich spürbar.

Es ist im Grundstudium nicht unüblich, mal durch eine Klausur zu fallen oder einzelne Scheine erst im zweiten Anlauf zu bestehen. Durch vereinzelte Rückschläge sollte man sich auf keinen Fall aus der Ruhe bringen lassen und vorschnell „die Flinte ins Korn werfen". Wer kontinuierlich mit- und nacharbeitet und am Ball bleibt, bei dem wird es irgendwann klick machen. Wer allerdings auch im dritten und vierten

Semester noch **größere Schwierigkeiten** mit den kleinen Scheinen hat und **regelmäßig mehrere Anläufe** für eine Klausur braucht, sollte ernsthaft über einen Abbruch des Studiums nachdenken.

Niemals sollte das als Versagen aufgefasst werden. Ein Abbruch bietet vielmehr immer die Chance auf Neues. Schon deswegen, weil jeder Studiengang für sich beansprucht, die Wahrheit allein gepachtet zu haben, solltest du erkennen, dass Jura nicht alles ist. Andere Studiengänge sind mindestens genauso spannend. Es kommt deshalb wirklich darauf an, wie sehr du für die juristische Sache brennst. Ein rationaler Abbruch ist tausendmal besser, als sich elendig in eine Sache zu verrennen, die einfach nicht sein soll.

2. Der Grundlagenschein

Wir empfehlen, neben den Einführungsveranstaltungen im ersten Semester bereits auch am Grundlagenschein teilzunehmen, sprich einer Veranstaltung zum Thema Rechts- bzw. Verfassungsgeschichte oder Rechtsphilosophie. In manchen Bundesländern kann es einen noch größeren Katalog an Grundlagenfächern geben.

Abhängig vom jeweiligen Angebot und deinem Interesse könntest du sogar alle diese Fächer belegen. Thematisch am spannendsten ist nach unserer Meinung die Rechtsphilosophie.

Im Vergleich zu anderen Vorlesungen sind Klausuren im Grundlagenschein einfacher zu bestehen. Sie ähneln einem Aufsatz aus der Schulzeit. Die Professoren wissen, dass die Studierenden im ersten Semester genug damit zu tun haben, sich in den „Kernfächern" zurecht zu finden. Anders als in den anderen Veranstaltungen ist das Klausurthema häufig exakt auf den Stoff der Vorlesung zugeschnitten.

Nicht selten kommt es vor, dass über Jahre hinweg auch ähnliche Klausuraufgaben gestellt werden oder das vorlesungsbegleitende Skript des Professors mit in die Klausur genommen werden darf. Über den Schwierigkeitsgrad und die Anforderungen kannst du dich deshalb meist sehr gut bei höheren Semestern informieren.

> Regelmäßig bietet deine Fachschaft einen Pool von älteren Klausuren an. Hier kannst du die Anforderungen des Grundlagenscheins am besten abchecken.

Wegen dieser Umstände reicht aus unserer Erfahrung bereits die regelmäßige Teilnahme an der jeweiligen Vorlesung aus, um die Klausur zu bestehen. Eine Nacharbeit im Grundlagenschein ist eigentlich nicht notwendig.

Im Hinblick auf die Vorbereitung zur Abschlussklausur würden wir dir deshalb raten, dich überhaupt nur mit einem Grundlagenfach intensiver auseinanderzusetzen. Im weiteren Verlauf des Studiums und auch im Staatsexamen wirst du eher nicht mit dem Stoff aus dem Grundlagenschein konfrontiert. Aus diesem und den eben genannten Gründen solltest du deshalb auch insgesamt nicht zu viel Zeit auf die Klausurvorbereitung verwenden. Konzentriere dich lieber auf andere Fächer.

In aller Deutlichkeit: Dieses Vorgehen empfehlen wir nur im Grundlagenschein. In anderen Klausuren wirst du mit einem solchen Vorgehen dagegen kaum eine Chance haben.

Auch wenn du dich (mit geringem Aufwand) nur auf eine Abschlussklausur im Grundlagenschein vorbereitet hast, kann es klausurtaktisch schlau sein, sich für eine weitere Grundlagenklausur einzuschreiben. Damit schaffst du dir einen weiteren Klausurpuffer. Dieses Vorgehen bietet sich insbesondere dann an, wenn ein Professor immer wieder die gleichen Klausuraufgaben stellt.

3. Juristische Methodenlehre – Crack dein Studium!

Vielleicht bist auch du zu Beginn des Studiums davon ausgegangen, dass viele Regeln und Verbote ganz eindeutig und verbindlich in irgendeinem Gesetz geschrieben stehen. Dabei ist das Gegenteil der Fall.

Damit unsere Gesetze flexibel gegenüber den Wirrungen des Lebens und dem stetigen gesellschaftlichen Wandel bleiben, müssen sie abstrakt formuliert sein. Wäre das anders, würde der Gesetzgeber mit der Formulierung neuer Gesetze sowie der Überarbeitung bestehender Gesetze überhaupt nicht mehr hinterherkommen. Ständig und überall wären irgendwelche Anpassungen oder Ergänzungen nötig.

Die allermeisten Normen geben deshalb keine konkreten Antworten, vielmehr muss man sich oft fragen, ob das Gesetz überhaupt Anwendung findet. Das ist manchmal gar nicht so einfach zu sagen. Aus diesem Grund streiten sich viele Parteien auch vor Gericht. Die einen meinen so, die anderen meinen so.

Weil die Richter an den deutschen Gerichten an Recht und Gesetz gebunden sind (vgl. Art. 20 Abs. 3 GG), kommt dieser Ermittlung eine enorme Bedeutung zu. Zu ihrer Unterstützung wurden verschiedene, allgemeingültige Methoden entwickelt, mit denen das Gesetz, besser gesagt seine Bedeutung, ausgelegt werden kann. Man nennt diese Methoden deshalb **Auslegungsmethoden**.

In unserem Erstsemestertutorium haben wir dieses Kernstück juristischer Arbeit immer gerne anhand eines konkreten Falls dargestellt, den wir auch an dieser Stelle gerne einbinden möchten. In etwa so, mit einigen mehr Details, kannst du dir übrigens auch deine erste Klausur im Strafrecht vorstellen:

Im Zorn bewirft A seinen Nachbarn B mit einem Böller, der bei diesem einen vollständigen Hörverlust auf dem linken Ohr hervorruft. Schon seit seiner Geburt muss B mit einem um 95 % der üblichen Hörleistung verminderten Hörvermögen auf dem rechten Ohr leben. Auf diesem Ohr nimmt er zwar Laute und Geräusche wahr, aber er kann keine deutlichen Worte verstehen. Nach der Attacke ist B damit faktisch vollständig taub. Hat sich A wegen einer schweren Körperverletzung nach § 226 StGB strafbar gemacht?

§ 226 Schwere Körperverletzung

(1) Hat die Körperverletzung zur Folge, dass die verletzte Person

1. das Sehvermögen auf einem Auge oder beiden Augen, das Gehör, das Sprechvermögen oder die Fortpflanzungsfähigkeit verliert,
2. ein wichtiges Glied des Körpers verliert oder dauern nicht mehr gebrauchen kann oder
3. in erheblicher Weise dauernd entstellt wird oder in Siechtum, Lähmung oder geistige Krankheit oder Behinderung verfällt,

so ist die Strafe Freiheitsstrafe von einem Jahr bis zu zehn Jahren.

Wenn wir die ganzen Definitionen und den formalen Aufbau mal beiseitelassen, so fällt beim Blick in § 226 des Strafgesetzbuchs auf, dass eine schwere Körperverletzung dann vorliegt, wenn *die verletzte Person das Sehvermögen auf einem Auge oder beiden Augen, das Gehör, das Sprechvermögen oder die Fortpflanzungsfähigkeit verliert.*

Da A mit seinem Böllerwurf allein das linke Ohr des B verletzt hat und es allein durch einen Zufall (nämlich das verminderte Hörvermögen seit Geburt) dazu gekommen ist, dass B nun fast komplett taub ist, ist die spannende Frage, ob B sein „Gehör“ im Sinne des § 226 Abs. 1 Nr. 1 Var. 3 StGB verloren hat. Diese Frage macht für A einen gewaltigen Unterschied, da ihm nach § 226 StGB mindestens ein Jahr und bis zu zehn Jahre Freiheitsstrafe drohen, wogegen er sonst „eine gefährliche Körperverletzung (siehe §§ 223, 224 Abs. 1 Nr. 2 Alt. 2 StGB) begangen hat, welche „nur“ eine Freiheitsstrafe von sechs Monaten bis zu zehn Jahren vorsieht.

Ausgehend vom Wortlaut des § 226 Abs. 1 StGB könnte man argumentieren, dass B ja gerade nicht sein Gehör verloren hat, da er noch über 20 % Hörfähigkeit verfügt. Zudem hat ja nicht allein „die Körperverletzung zur Folge", dass B sein Gehör verliert, A kann schließlich nichts für den Geburtsfehler am Ohr des B. Genauso gut lässt sich aber auch in die andere Richtung argumentieren. Denn die schwere Folge – der faktische Gehörverlust – wurde durch die Handlung des A hervorgerufen.

Ein weiteres Argument für eine Strafbarkeit des A lässt sich aus dem systematischen Vergleich zu den anderen Merkmalen der Nr. 1 finden. Wenn es nämlich für eine schwere Körperverletzung bereits ausreicht, dass die verletzte Person das Sehvermögen „auf einem *oder* beiden Augen" verliert, dann kann beim Gehörverlust auch nichts anderes gelten. Andererseits könnte dagegen sprechen, dass, wenn der Gesetzgeber gerade den Verlust des Gehörs und nicht den Verlust der Hörleistung auf einem oder beiden Ohren geregelt hat, der Verlust der Hörleistung auf einem Ohr nicht als schwere Folge gelten kann. Der Gesetzgeber hätte ja auch bei den Augen den Verlust der Sehfähigkeit regeln können.

An diesem Beispiel wird deutlich, dass das Gesetz keine sofortige Antwort auf unsere Frage parat hat. Vielmehr müssen wir uns den Weg zur Antwort erst selbst erarbeiten. Du konntest aber auch sehen, dass eine juristische Argumentation für eine gute juristische Lösung unentbehrlich ist.

Wir haben dir im Folgenden den Auslegungskanon aufgelistet, aus dem du jetzt sogar schon zwei Auslegungsmethoden kennengelernt hast, den Wortlaut und die Systematik.

Die **grammatikalische Auslegung** orientiert sich streng am **Wortlaut** und dem Satzbau des Gesetzes. Dabei wird gefragt, ob die Vorschrift ihrem Wortlaut nach anwendbar ist oder nicht. Maßstab ist dabei der alltägliche Sprachgebrauch.

Dagegen nimmt die **systematische Auslegung** Bezug auf das **Verhältnis der fraglichen Norm zu einer anderen, zur Überschrift** einer Norm oder zur Überschrift des Abschnitts des Gesetzes, in dem die Norm steht.

Die **teleologische Auslegung** fragt nach dem **Sinn und Zweck**, den sich der Gesetzgeber bei Erlass **der Norm** vorgestellt hat oder den er heute mit dieser verfolgt.

Die **historische Auslegung** (teilweise wird diese in eine historische und eine **genetische Auslegung** aufgetrennt) beschäftigt sich mit der Entstehungsgeschichte der Norm und versucht, aus dieser Antworten für ihren Anwendungsbereich abzuleiten. In der Klausur spielt sie kaum eine Rolle, es sei denn, du kennst dich zufällig mit dem geschichtlichen Hintergrund der Norm aus.

Mithilfe dieser vier Auslegungsmethoden lassen sich **nahezu alle juristischen Streitigkeiten lösen**.

Wer weiß, wie er diesen kleinen Werkzeugkasten einzusetzen hat, verschafft sich die Möglichkeit eines erfolgreichen Studiums mit einem vergleichsweise geringen Lernaufwand.

Anstatt wie ein Berserker stur alle dir vorgelegten juristischen Streitigkeiten auswendig zu lernen, solltest du die Lösungsskizzen besser daraufhin untersuchen, welche konkreten Auslegungsmethoden eigentlich hinter welcher Lösung stehen.

Damit schulst du nicht nur deinen Blick auf die verschiedenen Auslegungsmethoden, sondern verschaffst dir auch einen wirklichen Einblick in einen solchen Streit. Erst dadurch wird dein juristisches Verständnis überhaupt gestärkt.

Wer diesen Weg konsequent verfolgt, wird immer häufiger kleine Erfolgserlebnisse sammeln und kann eine Vorlesung oder ein ganzes Semester mit dem Gefühl beenden: „Ja, das habe ich wirklich verstanden."

Es wird dir am Anfang neben dem neuen Lernstoff und der komplexen sprachlichen Umstellung auf den Gutachtenstil vielleicht leichter fallen, Streitigkeiten einfach auswendig zu lernen. In vielen Fällen verspricht dieses Vorgehen anfangs sogar bessere Noten, weil auswendig gelernte Phrasen genau den Gutachtenstil widerspiegeln, den der Korrektor am Anfang sehen will und den er mit dir in der AG eingeübt hat.

Wer im Studium aber auf lange Sicht bestehen will, der kommt um diese Arbeit nicht herum. Denn irgendwann kann diese Stoffmenge nicht mehr auswendig gelernt werden. Irgendwann kommt die Zeit, da versinkst du in der Stoffmenge des Studiums – spätestens in der Examensvorbereitung.

Deshalb: Je eher du die Auslegungsmethoden verinnerlichst, desto einfacher wird es dir fallen, komplexe Streitstände zu verstehen, gegebenenfalls selbst herzuleiten oder sogar deine eigene Argumentation zu entwickeln.

Wenn du diesen Rat von Anfang an befolgst und bereits ab dem ersten Semester an deiner juristischen Argumentation feilst, wirst du im Studium viel weniger auswendig lernen müssen als deine Kommilitonen. Nur eine Handvoll Streitigkeiten muss man dann vielleicht noch auswendig lernen. Wichtig ist aber, dass du die juristischen Streitigkeiten nicht nur lernst, sondern auch verstehst und verinnerlichst. Frag dich am besten, **warum und worüber streiten die beiden Meinungen** überhaupt. Wer so vorgeht, wird niemals in den Chor der anderen einstimmen und rufen: Jura, da muss man so viel Auswendiglernen.

Selbst wenn du die Abschlussklausur der juristischen Methodenlehre nicht gleich auf Anhieb bestehen solltest, empfehlen wir dir, die Vorlesung so **früh wie möglich** zu besuchen! Juristisch kannst du von diesem Fach nur profitieren.

4. Klausuren

Für jeden Studierenden sind die ersten Klausuren Neuland. Bei dem richtigen Zeitmanagement, dem wissenschaftlichen Anspruch an eine Lösung und der richtigen Formulierung (Gutachtenstil) fehlt es dir massiv an Erfahrung.

Thematisch werden Klausuren bis zur Zwischenprüfung in der Regel eines der in der Vorlesung oder Arbeitsgemeinschaft behandelten Themen abprüfen. Eine exakte Eingrenzung, so wie es in der Schule oft der Fall ist, kann man jedoch nicht erwarten. Zwar eignen sich einige AG-Fälle mehr als Abschlussklausur als andere, eine 100 %ige Absicherung hat man jedoch nie.

> Hör nie auf Vermutungen von anderen Kommilitonen, sondern lerne den behandelten Stoff grundsätzlich in seiner Gänze!

Trotz des anfänglich eher geringen Schwierigkeitsgrades weisen auch Anfängerklausuren mitunter eine hohe Durchfallquote auf. Gute Noten sind keine Selbstverständlichkeit, im Gegenteil. Anfangs resultiert ein Teil dieser schlechten Noten aber auch daraus, dass viele Studierende Jura erst einmal „ausprobieren" möchten und die letzte Konsequenz in der Klausurvorbereitung vermissen lassen.

Wer dagegen wirklich Bock auf sein Studium hat und deshalb leistungs- und leidensbereit ist, wird an der Zwischenprüfung regelmäßig nicht scheitern.

In unserem Freundeskreis gab es tatsächlich eine Freundin, die nie auch nur durch eine Klausur gerasselt ist. Die war völlig zurecht auch in einer Fördergruppe der Uni. Für den Rest von uns Normalos gehört das gelegentliche Durchfallen durch eine Klausur einfach dazu. Selbst wenn mal ein, zwei Klausuren in die Hose gehen, lässt sich das im nächsten Semester relativ schnell wieder ausgleichen. Diese Lockerheit sollte allerdings **nicht** mit regelmäßigen Schwierigkeiten und andauernden, vergeblichen Anläufen verwechselt werden.

a) Lernen und vorbereiten? ... mit Fällen!

Vor der ersten, richtigen Klausur bieten die Universitäten für Erstsemester Probeklausuren an. Daran solltest du dich auf jeden Fall versuchen. Doch das allein wird oft nicht reichen.

Abhilfe schaffen da die vielen Fallbücher, die zu jedem Rechtsgebiet in der Bibliothek erhältlich sind. Einige richten sich in ihrem Niveau explizit an Anfangssemester und üben mit dir sowohl das Formulieren des Gutachtenstils als auch die Auseinandersetzung mit juristischen Problemen. Auch in den verschiedenen juristischen Zeitschriften findest du Probefälle mit anschließender Lösungsskizze.

Genauere Informationen zu einzelnen Fallbüchern und Zeitschriften sowie viele weitere nützliche Hilfestellungen findest du ganz am Ende dieses Kapitels, im Abschnitt *Tipps im Grundstudium*.

Natürlich kann auch mit der jeweiligen Fachliteratur ein entsprechender Lernerfolg erzielt werden. Im Zweifel greifen viele Studierende auch lieber zum Lehrbuch als zum Fallbuch.

Gerade zu Beginn des Studiums geht das eigenständige Ausformulieren verdammt schwer von der Hand. Der Druck, endlich verstehen zu können, ist groß und die Zeit scheint knapp. Wie einfach ist es da, schnell mal ein, zwei, drei Kapitel im Lehrbuch durchzublättern. Das gibt erstmal ein gutes Gefühl. Die Panik der Anfangswochen und -monate lässt sich so zumindest vorübergehend eindämmen. Maximal effektiv ist das allerdings nicht und es beruhigt dich auch nur solange, bis du merkst, dass du den Stoff doch noch nicht richtig verstanden hast. Was man alles nicht kann, merkt man erst so richtig, wenn man sich an die Klausurlösung wagt.

Dieses Phänomen lässt sich wissenschaftlich belegen. Die verschiedenen Lernkanäle unterscheiden sich auch in der Übertragung neuer Information in unser Langzeitgedächtnis.

Informationsaufnahme	Wahrscheinlichkeit des Behaltens
selbst machen/ausprobieren	90 %
nacherzählen/erklären	70 %
hören und sehen	50 %
sehen	30 %
hören	20 %

Quelle: Kevin Schroer, Effektiv Lernen – So geht's!: Für Schüler, Studenten und Erwachsene, S. 3.

Dir muss klar sein, dass in der Klausur nicht nur reines Wissen abgefragt wird. Auch der Aufbau, die Problemverortung und der Gutachtenstil müssen möglichst perfekt sitzen. Regelmäßig scheitern Studierende dabei nicht am fehlenden Wissen, sondern an der Fähigkeit zur guten Fallbearbeitung. Gelernt haben schließlich alle.

Während des Studiums und mit Blick auf dein Examen sollte die Fallbearbeitung daher einen Schwerpunkt deiner Vorbereitungszeit einnehmen. Die Auf- bzw. Nachbereitung des Lernstoffs lässt sich damit ebenso kombinieren, wie das Training eines guten Klausur-Zeitmanagements.

Wir halten es dabei für völlig in Ordnung, bei der probeweisen Klausurlösung immer auch Hilfsmittel zu verwenden. Meistens wird einem davon jedoch abgeraten. Da heißt es immer: „Wer Klausuren mit Hilfsmitteln löst, der könne es auch gleich ganz bleiben lassen". Das ist so nicht richtig. Zwar darfst du in die richtige Klausur auch nur deinen Kopf und das Gesetz mitnehmen, es macht aus unserer Sicht jedoch keinen Sinn, sich im Vorfeld unnötig lange an einer Probeklausur aufzuhalten. Sich hinzusetzen und eine Klausur zu lösen macht sowieso keinen Spaß. Wenn man dann auch noch überlange an einer Sache hängen bleibt, verliert man ganz schnell die Motivation. Dann ist auch die Gefahr hoch, das Ganze abzublasen.

Besser ist es, sich zunächst ernsthaft an der Lösungsskizze zu versuchen. Die Stellen, die dich vor Probleme gestellt haben, solltest du nachträglich mit einem Freund besprechen oder wahlweise mit der Lösungsskizze abgleichen. Es ist in einem solchen Fall viel schlauer, sich anzuschauen wie es richtig geht, als viel Zeit in eine falsche Lösung zu investieren, die darüber hinaus vielleicht noch hart am richtigen Aufbau vorbei schrappt. Den Faulen, die vor der mehrseitigen und zeitaufwendigen Niederschrift der Klausur zurückschrecken, empfehlen wir hier, zumindest immer eine Lösungsskizze zu erstellen.

> Auch wenn du im Grundstudium oder später in den großen Übungen deine Punkte aus den Klausuren bereits zusammen hast, solltest du möglichst alle über die Uni angebotenen Klausuren mitnehmen. Das ist nicht nur ein gutes Klausurtraining unter realen Prüfungsbedingungen, sondern auch wichtig, um sich nicht bereits gedanklich aus dem Semester zu verabschieden.

b) Über juristische Bewertungsmaßstäbe

Nach unserer Erfahrung ist es so, dass in den Anfangsklausuren Schnitzer im Fachwissen noch eher verziehen werden. Aufbaufehler oder solche im Gutachtenstil werden dagegen hart bestraft.

Hinter diesem Vorgehen steckt die Überlegung, dass die Studierenden den neuen Gutachtenstil und den schematischen Aufbau genau jetzt erlernen müssen. Diese Skills sind notwendige Voraussetzung für alle weiteren Semester. Das entsprechende Fachwissen wird dagegen fortlaufend angereichert und sowieso zwischen den unterschiedlichen Vorlesungen „ausgetauscht".

Gerade in den Anfängerklausuren steht und fällt deine Klausur deshalb mit dem **Gutachtenstil**. Am Anfang deiner Ausbildung musst du dem Korrektor erstmal „beweisen", dass du in der Lage bist, juristisch sauber zu arbeiten. Wie Schießhunde achten die Korrektoren auf jede Formulierung. Ein sauberer Gutachtenstil entscheidet in diesem Stadium fast allein über das Bestehen deiner Klausur.

Gerade in den unteren Semestern folgt aus der stringenten Einhaltung dieser verschachtelten Darstellung der rechtlichen Lösung (Obersatz, Tatbestandsvoraussetzungen, Definition, Subsumtion und Konklusion), dass du mit standardmäßigen Ausführungen schnell mehrere Seiten deiner Klausur befüllst. Mit Ausführungen zum Zustandekommen eines Vertrags (Einigung, zwei übereinstimme Willenserklärungen, Angebot und Annahme) oder der Zulässigkeitsprüfung im öffentlichen Recht hast du aber noch **keine großartige Leistung erbracht**. Das wurde so oft in der Arbeitsgemeinschaft eingeübt, dass das erwartet werden muss. Das sollten eigentlich alle Bearbeiter noch hinbekommen. Wirklich Punkte gibt es dafür nicht.

Gelungene Ausführungen legen hier jedoch den ersten Grundstein für eine positive Bewertung. Zwar wird der Korrektor diese Anfangsseiten meist nur schnell nach Schlagwörtern und Definitionen durchsuchen, dabei nimmt er aber eine erste Grundeinstellung zu deiner Klausur ein. Andersherum manövrieren sich schlechte Bearbeiter schnell ins Abseits, wenn sich der Korrektor lange an der Korrektur der ersten Seiten aufhalten muss.

Für deine Klausurlösung ist es ebenso wichtig, dass du auf einen stringenten Aufbau achtest. Das verlangt die Arbeit mit und vor allem **am Gesetz** und fängt bereits damit an, dass du deine schriftliche Lösung immer **auf Gesetzesnormen stützen** solltest. Also so viele Paragraphen nennen wie möglich und diese auch **genau zitieren**. Daraus folgt auch, dass du alle **Tatbestandsmerkmale einer Norm** gewissenhaft durchprüfst.

Ausführungen wie „*Nach Ansicht des BGH ...*" oder „*Nach der h.M. ...*" überzeugen nicht. Das tut allein die dahinter stehende juristische Argumentation (*siehe Auslegungsmethoden*). Für die geforderte Arbeit am Gesetz solltest du besser von ***„Nach einer Ansicht ..."*** bzw. ***„Nach anderer Ansicht ..."*** sprechen.

Vergiss bei einem Meinungsstreit nicht, nach der Darstellung einer Ansicht auch zu subsumieren, zu welchem Ergebnis die jeweilige Meinung führt. Das vergisst man gerne mal im Eifer des Gefechts. Dort, wo zwei Ansichten zum selben Ergebnis kommen, erübrigt sich ein Streitentscheid. Weitere Ausführungen zur Streitlösung sind deshalb nichts als vergeudete Zeit, die der vollständigen Klausurlösung im Wege stehen.

Bei deiner Klausurlösung solltest du es am Anfang tunlichst vermeiden „das Rad neu zu erfinden". Bleib bei dem, was du gelernt hast und versuche insbesondere nicht, die Klausur durch irgendwelche Billigkeitserwägungen zu lösen. Bei der Bewältigung dieser vermeintlich leichten Aufgabe musst du dich erstmal beweisen.

Erscheint dir die juristische Lösung vom Gefühl her ungerecht, kann das ein Hinweis dafür sein, dass du vielleicht etwas übersehen hast oder in deiner Lösung „falsch abgebogen" bist.

Sich eigene **juristische Fachausdrücke** auszudenken ist ebenfalls nicht zu empfehlen. Diese solltest du nur einsetzen, wenn du dir sicher bist, dass sie in dem Kontext hineinpassen.

Für eine gute Klausur ist es erforderlich, dass du sie **in der vorgegebenen Zeit fertig bekommst**. Das mag banaler klingen, als du es dir aktuell vorstellen kannst. Tatsächlich schaffen viele Studierende das nämlich nicht. Gerade im Strafrecht klagen Studenten darüber, dass sie die Klausur nicht in der vorgegebenen Bearbeitungszeit lösen konnten. Sogar im Examen ist es nicht unüblich, an der vorgegebenen Zeit zu scheitern – trotz einer Menge an Klausurerfahrung. Doch eine nicht abgeschlossene Klausur hat die an sie gesteckten Anforderungen schon augenscheinlich nicht erfüllt, was immer zu einer schlechteren Endnote führt.

> In akuter Zeitnot kann es sinnvoll sein, Lücken im Mittelteil der Klausurlösung zu lassen, um durch einen sauberen Schlussteil den Eindruck einer abgeschlossenen Klausur zu vermitteln. Das unauffällig tun zu können, muss gelernt sein.

Die Ursache von **Zeitproblemen** bei der Klausurlösung liegt häufig in einer **zu ausführlichen Lösungsskizze**. Sollte dies der Fall sein, musst du an deiner Geschwindigkeit bei der Erstellung der Lösungsskizze arbeiten. Um deine Schwerpunktsetzung schnell kenntlich zu machen, eignet sich beispielsweise ein großes **„P"** mit einem kurzen Schlagwort, z.B. „Vermögensverfügung (str.)". Diese Vorgehensweise sorgt dafür, dass du bei deiner groben Gliederung kaum Zeit verlierst und trotzdem auch nach mehrstündiger Bearbeitung nichts Wichtiges vergisst.

Für deine spätere Niederschrift wird dieser kurze Hinweis völlig ausreichen, um dich daran zu erinnern, dass hier ein strittiges Problem argumentativ zu lösen ist. Erfahrungsgemäß tauchen während der schriftlichen Klausurlösung trotz aufgestellter Lösungsskizze immer noch neue, nicht erkannte Probleme auf.

Um im Strafrecht keine strafbare Handlung zu übersehen, empfiehlt es sich, alle **Verben im Sachverhalt zu markieren**. Strafrecht ist **Tatstrafrecht**, an jede Tat könnte eine Strafe geknüpft werden.

Neben dem Erlernen des allgemeinen Lehrstoffs solltest du enorme Anstrengungen in eine möglichst gute **Darstellung und Form deiner Klausur** investiert. Konkret solltest du an deinem Sprachstil, deinem Schriftbild und den Voraussetzungen einer überzeugenden Argumentation arbeiten.

Trainiere dir ein **ordentliches Schriftbild** an. Der Korrektor sollte keine Mühe damit haben, deine Lösung entziffern zu müssen. Keinen einzigen Punkt solltest du wegen formaler Schlampereien verlieren. Dafür ist das Benotungssystem zu hart, dass du dir solch vermeidbare Fehltritte erlauben könntest. Der Korrektor muss deinen Gedanken ohne viel Mühe folgen können. Bandwurmsätze sind deshalb zu vermeiden.

> Hinweise, wie du die Darstellung deiner Klausur verbessern kannst, findest du neben anderen Tipps am Ende dieses Kapitels.

c) Plädoyer für die juristische Notenvergabe

Trotz all deiner Mühen und Anstrengungen wirst du leider feststellen müssen, dass die juristische Notenvergabe anders ist.

Sinnbildlich für dieses Notensystem, das so viel Frustration und Zweifel an der Fairness bei den Studierenden hervorruft, steht die Geschichte von *Oskar Radhauer*, der an der Universität Freiburg aus Versehen zwei identische Hausarbeiten abgab und für diese einmal fünf und einmal neun Punkte bekam.[41] Das zeigt ganz eindeutig, die

[41] www.lto.de/recht/studium-referendariat/s/uni-freiburg-gleiche-hausarbeit-zwei-verschiedene-bewertungen-noten-fairness-korrektursystem/.

Notenvergabe hängt immer auch vom jeweiligen Korrektor ab, der entweder streng oder weniger streng korrigiert.

„18 Punkte bekommt keiner, 17 Punkte der liebe Gott und 16 Punkte der Klausurersteller – aber auch nur, wenn es keinen Zweitkorrektor gibt“.[42]

Einem Nichtjuristen lässt sich nur schwer vermitteln, dass man bereits mit neun von maximal 18 Punkten das „Höchste der Gefühle“ erreicht hat. Doch das ist auch gar nicht notwendig. Jedenfalls innerhalb der Branche ist dieser Notenstandart hinlänglich bekannt – **allein das ist, was am Ende zählt**. Auch dein potenzieller Arbeitgeber hat sein Studium sehr wahrscheinlich ohne „Vollbefriedigend“ aus den schriftlichen Klausuren abgeschlossen.

Anstatt jedoch über das bestehende System zu lästern, wollen wir uns lieber am Gegenteil versuchen. Denn grundsätzlich halten wir die juristische Notengebung für sehr transparent. Dem Korrektor gibt die große Bandbreite des Bewertungssystems die Möglichkeit zur haargenauen Differenzierung. Dem Prüfer eröffnet sich ein weiter Beurteilungsspielraum, bei dem bereits kleine Unterschiede dafür sorgen, dass eine Klausur als bestanden, eine andere als nicht ausreichend bewertet werden kann.

So erhält etwa der Kandidat nur ein oder zwei Punkte, der gravierende Verständnisfehler mit dem Gesetz offenbart, wohingegen ein anderer, der einen vergleichbaren Fehler begeht, aber an anderer Stelle eine juristisch wertvolle Ausarbeitung zeigt, noch auf drei oder vier Punkte kommt. Wer hier und da schlampig subsumiert, aber später eine überdurchschnittliche Argumentation im Problemschwerpunkt der Klausur abliefert, kann am Ende noch auf acht Punkte kommen.

Selbst wenn jede Note dabei immer auch vom subjektiven Einschlag des entsprechenden Prüfers geprägt ist, bleibt ein Großteil der Notengebung objektiv überprüfbar. Ein Beleg dafür ist, dass die Benotungen zwischen Erst- und Zweitkorrektor im Examen kaum voneinander abweichen. Die jährlich nur minimal voneinander abweichende Notenverteilung in der ersten juristischen Staatsprüfung ist ein Zeichen eines konstanten, belastbaren Systems.

Die Wahrscheinlichkeit ist groß, dass sich über dein gesamtes Studium ein gesunder Ausgleich zwischen zu hart und zu nett bewerteten Klausuren einstellt, zwischen guten Korrektoren, die sich mit genügend Engagement deiner Argumentation widmen und sich in diese einarbeiten und solchen, die mit der Korrektur im Akkord lediglich ihr Einkommen aufbessern wollen.

---

[42] www.lto.de/recht/studium-referendariat/s/jura-studium-notengebung-leistungs bewertung-besser-als-ihr-ruf/.

Wie schon in unserer Einleitung aufgezeigt, begründet sich die Wahrnehmung einer überharten Notenvergabe aber vor allem in einer falschen Erwartungshaltung der Jurastudierenden. Bereits per Definition ist eine Klausur mit vier, fünf oder sechs Punkten eine Leistung, die trotz ihrer Mängel noch durchschnittlichen Anforderungen entspricht.

Für die berufliche Karriere hat das „Vollbefriedigend" somit sicher eine Bedeutung, aber keine abschließende. Wir würden dir deshalb raten: „Wenn dir das Studium wirklich Spaß macht, dann zieh es einfach durch". Mach dich interessant. Deine Note ist am Ende zweitrangig.

d) Nachträgliche Reflexion und Fehleranalyse

Mindestens genauso wichtig wie eine gute Vorbereitung auf die Klausuren – und nicht weniger anstrengend – ist die nachträgliche Reflexion und eigene Fehleranalyse.

Die Randbemerkungen des Korrektors sind immer schnell gelesen (das kennen wir von uns selbst). Ebenso schnell sind sie aber auch wieder vergessen. Viel besser ist es, wenn du mal versuchst, eine – im Sinne des Korrektors – **richtige Formulierung auszuarbeiten**. Das kann der entscheidende „Aha-Effekt" für das nächste Mal sein.

Für die Entwicklung deiner schriftlichen Leistungen wird es jedenfalls massiv darauf ankommen, dass du dich mit dem Inhalt deiner Klausuren auseinandersetzt. Es ist jedoch ziemlich schwer, die eigenen Fehler selbst auszumerzen. Teilweise fehlt der notwendige sachliche Abstand, oft aber ist es schlicht das fehlende Wissen, wie man es denn besser machen soll. Genau das ist schließlich der Grund jeder kritischen Randbemerkung. Gewusst wie, hätte man den Fehler nicht gemacht.

Weil es sich bei vielen Fehlern auch nicht um Wissensfehler (gelernt haben alle), sondern eher um ein Problem der **richtigen Wissensvermittlung und -darstellung** gegenüber dem Korrektor handelt, können dir oft auch deine Freunde nicht genau erklären, warum das, was sie geschrieben haben, gut und das, was du geschrieben hast, schlecht bewertet wurde. Nicht selten ähneln **inhaltliche** Ausarbeitungen deiner Freunde deiner schriftlichen Klausurleistung.

Bezeichnend dafür ist, dass du trotz einer ordentlichen Klausurvorbereitung und trotz einem guten Gefühl im Nachgang der Klausur, von einer schlechten Note überrascht werden kannst.

Schnell ist dann der Schuldige gefunden: Ein überharter Korrektor. Und die trifft auch wirklich eine Teilschuld an dieser Situation. In der Angst, sich in irgendeiner Weise angreifbar zu machen, halten sie sich bei ihrer Beurteilung meist sträflich knapp. Dabei sind es auch die zu kurzen Begründungen, die für Unverständnis und Ärger unter den Studierenden sorgen und die dann gerne im Wege der Remonstration gegen ihre Benotung vorgehen. Weil aber die Klausur dem Korrektor durch die Remonstration ein zweites Mal auf die Füße fällt, wird er sich beim nächsten Mal noch mehr um eine hieroglyphische Begründung seiner Notenvergabe bemühen – ein Teufelskreis.

Fairerweise wollen wir an dieser Stelle darauf hinweisen, dass Korrektoren ihre Tätigkeit nicht in Vollzeit ausüben und für die Korrektur nur eine geringe Bezahlung erhalten. Korrektoren möchten deshalb von Natur aus möglichst wenig Zeit mit der Korrektur einer Klausur verbringen. Euer Korrektor ist also nicht dumm, sondern arbeitet wegen der geringen Bezahlung unter Zeitdruck. Jede Abweichung von der Lösungsskizze muss durchdacht werden. Das solltest du im Hinterkopf haben, wenn du über eine Bewertung des Korrektors urteilst.

Eine Lösung dieser Problematik könnte übrigens darin bestehen, die Klausurkorrektur zumindest in den ersten beiden Semestern besser zu vergüten und im Gegenzug von den Korrektoren ausführlichere Randbemerkungen mit konkreten Hilfestellungen zu verlangen; aber uns fragt ja keiner.

Wenn auch deine Freunde dir nicht zufriedenstellend erklären können, warum du – trotz vergleichbarem Inhalt – eine schlechtere Note als sie geschrieben hast, solltest du dir unbedingt weitere Hilfe holen.

Viele Universitäten haben dafür eigens „Klausurkliniken" eingerichtet. Ob dir dieses Angebot weiterhilft, musst du selbst entscheiden. Es kann vorkommen, dass dort zwar Fehler deiner Klausur angesprochen werden, aber nicht an der Formulierung einer sauberen Lösung gearbeitet wird bzw. viel wichtiger noch, dir klar gemacht wird, warum du den Erwartungshorizont des Korrektors nicht erfüllt hast.

Für eine saubere Aufbereitung einer richtigen Wissensvermittlung und -darstellung fehlt es diesen Stellen mitunter an der notwendigen Zeit. Dir muss aber unbedingt klar werden, was genau du denn hättest **anders** machen müssen. Nicht selten verbleibt nach der Klausurbesprechung jedoch das Gefühl, im „Großen und Ganzen" doch alles richtig gemacht zu haben.

Besser und empfehlenswert ist es, **Kontakt zu einem AG-Leiter** zu suchen. Was spricht dagegen, ihn höflich anzusprechen und zu fragen, ob er mit dir eine Besprechung einer deiner Klausuren – ggf. im Rahmen eines Individualunterrichts – vornimmt? Für diesen Fall solltest du auch ein paar Übungsklausuren schreiben und diese dann mit deinem AG-Leiter gemeinsam unter Rückgriff auf deine ausgearbeitete Lösung – **Satz für Satz** – besprechen. Nur in dieser direkten Bezugnahme kannst du Fehler wirklich nachvollziehen und künftig abstellen.

Aus der Erfahrung eines Kommilitonen schätzen wir den Stundenlohn eines AG-Leiters auf etwa 30 € pro Stunde. Damit kommst du weit günstiger weg als über die Internetseite **campushelfer.de**, die dir ebenfalls ab dem ersten Semester individuelle Jura-Nachhilfe anbietet. Hier kostet die Stunde ca. 50 €. Später während der Examensvorbereitung bieten übrigens auch Repetitorien Individualunterricht an. Das kostet dann aber schon um die 150 € pro Sitzung.

e) Remonstration

Falls du trotz allem meinst, dass du unfair bewertet wurdest und dies auch substantiiert darlegen kannst, steht dir der Weg zur **Remonstration** offen.

Durch eine Remonstration kannst du deine **Note nur verbessern**. Damit deine Beschwerde aber überhaupt eine Aussicht auf Erfolg hat, musst du dich höflich mit der Kritik des Korrektors auseinandersetzen und diese **argumentativ** auseinandernehmen. Es ist ziemlich offensichtlich, dass Formulierungen wie *„Ich bin der Meinung, dass ich eine bessere Note bekommen müsste, weil ich eigentlich alles richtig gemacht habe"* oder *„Meine Kommilitonin hat das Gleiche geschrieben, aber eine bessere Note bekommen"* keinen Erfolg haben werden. Trotzdem finden solche „Argumente" tatsächlich Verwendung!

Remonstriere nur in den Fällen,

1. in denen der Korrektor eine von dir und in der Literatur vertretene Ansicht als „unvertretbar" „kaum vertretbar" oder „falsch" gekennzeichnet hat,
2. eine auch in der Lösungsskizze angeführte Prüfung als „falsch" oder „überflüssig" deklariert wurde oder
3. der Korrektor deine Lösung missverstanden bzw. falsch interpretiert hat, obwohl eindeutig kein Missverständnis aufkommen durfte.

Wurde der Klausurinhalt in diesen Fällen fehlbewertet, besteht eine erhöhte Chance auf eine erfolgreiche Remonstration. Gerade in Hausarbeiten kann sich eine Beschwerde lohnen, da du deine Ausarbeitung durch verschiedene Quellen hinreichend abgesichert haben solltest. Nicht selten wirst du mit der Remonstration trotzdem scheitern. Für den Korrektor ist es ein leichtes, seine Benotung auch gegenüber dem Professor ein weiteres Mal zu begründen. Aus eigener Erfahrung können wir sagen, dass Remonstrationen nur selten Erfolg haben. Mach dir deshalb keine zu großen Hoffnungen.

Eine Remonstrationsvorlage und eine Checkliste mit den „No-Gos" in der Remonstration findest du übrigens im Anhang.

5. Hausarbeiten

Im Grundstudium ist in jeder Universität das Bestehen einer Hausarbeit in einem oder sogar in zwei der drei großen Rechtsgebiete (Zivilrecht, Strafrecht und Öffentliches Recht) Pflicht.

Viele Studierende denken dabei vor allem an ihre Facharbeit aus der Schulzeit und hoffen, dass das wohl ähnlich ablaufen wird. Bezüglich der Formalien ist das auch so, weiter aber auch nicht.

Besser vergleichen lassen sich die Hausarbeiten mit einer besonders umfangreichen und schwierigen Klausur. Inhaltlich können dabei auch unbehandelte Themen oder Randbereiche abgeprüft werden. Dies deshalb, weil dir für die Bearbeitung mehrere Wochen Zeit gegeben werden, in denen du dich auch in neue Themen einarbeiten und einlesen kannst und sollst.

Da der Sachverhalt der Hausarbeit in den überwiegenden Fällen eine oder zwei Gerichtsentscheidungen nachbildet, kann man die gewünschte Schwerpunktsetzung hier jedoch viel besser einschätzen als in den Klausuren. Aus diesem Grund – und weil sich die Studierenden erfahrungsgemäß intensiv über ihre Lösungsansätze austauschen – fallen in einer Hausarbeit vergleichsweise nur wenige Studenten durch.

Dieser Austausch ist in jedem Fall empfehlenswert. Du solltest deine Lösungsansätze und deine Fundstellen unbedingt mit deinen Freunden teilen, schon um zu vermeiden, dass du dich gerade thematisch verrennst. Der Austausch hilft dabei, kritischer über seine eigene Lösung nachzudenken und diese auch zu überdenken. Du wirst überrascht sein, auf welche zusätzlichen Probleme deine Freunde gestoßen sind, die du komplett übersehen hast.

Niemals solltest du jedoch eine Hausarbeit abschreiben oder mit einem Freund zusammen erstellen. Neben möglichen Konsequenzen ist es auch um die in jedem Fall aufgewendete Zeit und dem mangelnden Lerneffekt schade.

In der Regel bieten die Universitäten eine gesonderte Veranstaltung in den ersten Semestern an, in der die Herangehensweise an die Hausarbeiten erläutert wird. Über die genauen Anforderungen kannst du dich auch durch *„Leitfäden zur Erstellung einer Hausarbeit"* informieren, die einige Universitäten erstellt haben.

Grundsätzlich steht dir die gesamte Zeit der Semesterferien für die Erstellung der Hausarbeit zur Verfügung. Oft müssen in dieser Zeit jedoch noch Klausuren geschrieben und Pflichtpraktika abgeleistet werden. Gerade deshalb ist es empfehlenswert, wenn du dir bereits kurz nach der Ausgabe des Sachverhalts ein paar Tage für die Gliederung und Anfänge ihrer Erstellung reservierst. Selbst wenn deine juristische Lösung danach erst einmal wieder ruht, wird deine Motivation steigen. Denn psychologisch sind wir viel eher dazu bereit, eine Sache zu Ende zu bringen, die wir bereits angefangen haben.

Trotzdem gibt es gerade bei der ersten Hausarbeit **Startprobleme**. Um überhaupt in die Gänge zu kommen, kann es hilfreich sein, erstmal ganz ungeordnet alle Gedanken aufzuschreiben, die dir beim ersten Lesen durch den Kopf gehen. Meistens sind da schon gute Ideen dabei. Wenn du diese im zweiten Schritt in eine Ordnung bringst, hast du bereits deine erste Gliederung.

Die größte Hürde ist jedoch meist die tatsächliche Niederschrift. Hier fehlt der Zugang und es fehlen einfach Erfahrungswerte. Uns haben da vergleichbare Lösungsskizzen aus dem Internet oder Hausarbeiten aus dem Pool der Fachschaft geholfen, um überhaupt ein Gefühl dafür zu bekommen, wie eine Hausarbeit konkret aufgezogen werden muss.

Für alle zukünftigen Ausarbeitungen kannst du dir Folgendes merken: Am allerschnellsten erstellt man eine Gliederung, indem man einen Blick in das **Inhaltsverzeichnis bereits abgeschlossener, themenverwandter Ausarbeitungen** wirft. Nur in den allerseltensten Fällen muss das Rad (komplett) neu erfunden werden. Dadurch stößt man schnell auch auf Problemschwerpunkte oder den aktuellen Stand der Diskussion. Für die Erstellung der Hausarbeit gilt das speziell für einen **Abgleich mit vergleichbarer Rechtsprechung**.

Für die Bearbeitung empfehlen wir dir, neben den Lehrbüchern und Kommentaren aus der Bibliothek, die juristischen Datenbanken **Juris** und **beck-online**.

Juris bietet dir eine umfangreiche Rechtsprechungssammlung über alle relevanten Gerichtsentscheidungen bis zurück ins Jahr 1947. Über die Datenbank von beck-online kannst du – abhängig von den Modulen, auf die du zugreifen kannst – auf eine riesige Auswahl an (Online-) Kommentaren und Formularbüchern, Gerichtsentscheidungen sowie Artikeln aus verschiedensten Fachzeitschriften zugreifen.

Der überragende Vorteil dieser Datenbanken gegenüber herkömmlichen Kommentaren und Lehrbüchern besteht jedoch in der gezielten Suchmöglichkeit nach einzelnen Schlagwörtern. In der Zeit, in der du für ein bestimmtes Problem eher wahllos durch einen Kommentar blätterst, scannen diese Dienste ihren ganzen Datenfundus und liefern dir alle relevanten Treffer im Volltext. Zudem findest du durch Querverweise schnell weitere Quellen.

Wir selbst haben unsere Hausarbeiten deshalb beinahe ausschließlich mit Hilfe dieser Datenbanken gelöst und erst zum Ende auf Literatur aus der Bibliothek zurückgegriffen, um einige Fundstellen weiter „anzufetten“. So kommt man auch um das Problem herum, dass alle gefragten Kommentare und Lehrbücher der aktuellsten Auflage vergriffen oder ausgeliehen sind.

Zum Thema „Hausarbeit“ existieren viele nützliche Bücher und auch YouTube-Videos, die dir beim Einstieg helfen können.

Für eine Remonstration, für die im Vergleich zur Klausur keine Unterschiede bestehen, kannst du auf unsere **Vorlage im Anhang** zurückgreifen.

6. Vorlesungsmitschriften und Karteikarten

Mitschriften während der Vorlesung entlasten den Kopf, fokussieren die Aufmerksamkeit und helfen bei der Nachbearbeitung. Die Anfertigung einer Vorlesungsmitschrift bringt viele Vorteile.

Ihr Zweck wird jedoch verfehlt, wenn parallel zum Vortrag des Professors in Windeseile seitenlange, quasi druckreife Abschriften angefertigt werden. Dass man in dieser Zeit nicht gleichzeitig eigene Gedanken bilden und Fragen formulieren kann, liegt auf der Hand. Solche Anstrengungen treten zudem in Konkurrenz zu PowerPoint-Präsentation oder dem ausgeteilten Skript.

Während der Vorlesung haben wir versucht, uns auf den mündlichen Vortrag des Professors zu konzentrieren und unsere Notizen knapp zu halten. Damit das gelingt, haben wir nur einzelne Sätze bzw. Stichworte, **nur wirklich Wesentliches** aufgeschrieben. Diese bewusste Verknappung hat uns – im positiven Sinne – zur aktiven und inhaltlichen Auseinandersetzung mit dem live abgehandelten Vorlesungsstoff genötigt. Nur ganz selten haben wir die Mitschriften nachträglich nochmal angeguckt, meist aber einfach abgeheftet oder schon gleich entsorgt.

Wie genau du deine Vorlesungsmitschriften anfertigst, ob du nun ganze Sätze oder nur einzelne Stichwörter notierst, spielt keine große Rolle. Wir möchten dir jedoch eigene, schmerzlich erworbene Erfahrungen mit auf den Weg geben, damit du bei der Nacharbeit schnell und optimal von deinen Notizen profitieren kannst.

So mussten wir die Erfahrung machen, dass sich der Sinn einzelner Notizen, ohne **Bezug auf einen bestimmten Gliederungspunkt**, nachträglich nur schwer wieder erschließt. Überlegenswert ist es, die größeren Gliederungspunkte der Vorlesung in deine Mitschrift zu übernehmen.

Mit Blick auf die Nachbereitung haben wir den eigentlichen Mehrwert jedoch darin gesehen, **fortführende Gedanken zu notieren** oder **Sachen und Fachbegriffe aufzuschreiben**, die wir nicht auf Anhieb verstanden haben. Häufig war unsere Nacharbeit allein auf diese Punkte beschränkt. Um diese nachträglichen Rechercheaufträge schnell sichtbar zu machen, kann man solche Notizen besonders kennzeichnen, etwa mit dem Vorzeichen „→".

Auf welche Art und Weise du das so erworbene Wissen anschließend in dein Langzeitgedächtnis einpflegst, ob auf Karteikarten, auf Lernzetteln oder sogar in Form von Audiodateien, spielt keine ausschlaggebende Rolle. Wir selbst haben damals mit digitalen Lernzetteln gearbeitet. Über Word kannst du diese nicht nur schneller als per Hand schreiben, sondern du hast auch viel mehr Möglichkeiten, um etwa farbliche Kennzeichnung oder ganze Grafiken einzubinden. Es fällt dann auch leichter, deine Aufzeichnungen auf einem aktuellen Stand zu halten, neue Erkenntnisse hinzuzufügen und im Laufe der Zeit unnütz gewordenes Wissen zu löschen. Außerdem kannst du diese Lernzettel problemlos mit deinen Freunden teilen.

7. Freunde fürs Leben

Der Freundeskreis, den du dir im Laufe des Studiums aufbaust, hat einen kaum messbaren, aber unglaublich wichtigen Einfluss auf den Erfolg in deinem Studium.

Eine homogene, leistungsbereite, gelassene und mit pfiffigen Köpfen besetzte Gruppe wird dich durchs Studium tragen, genauso wie dich beim Laufen ein etwas schnellerer Läufer mitziehen wird.

> Aus einzelnen zum Teil auch flüchtigen Kontakten können im Laufe des Studiums erfahrungsgemäß enge und gute Freundschaften entstehen.

Wenn du dich an deine Freundesclique aus der Schulzeit zurückerinnerst, weißt du, welche **Eigendynamik** sich aus einer starken Gruppe entwickeln kann. Das gute Abschneiden deiner Freunde kann immer auch dazu beitragen, dass du selbst noch mehr (oder wieder mehr) Gas gibst.

In Phasen, in denen es bei dir mal nicht so läuft, brauchst du kompetente Ansprechpartner und solltest wissen, wo du dir Hilfe holen kannst. Dafür ist ein gesundes Umfeld (Eltern, Freunde) unerlässlich.

In Zeiten, in denen du mal hektischer auf den Plan trittst, kannst du mit Freunden quatschen, die in einer ähnlichen Situation stecken, während des Studiums aber stets zuversichtlich mit dem Lernpensum umgegangen sind.

Als besonders wichtig haben wir die verschiedenen Ratschläge und Entlastungsgespräche während der Examensvorbereitung empfunden. Nach solchen Gesprächen, in denen es nicht um das Abwerfen emotionalen Ballasts, sondern um das **Entwickeln konstruktiver Ideen und Lösungsstrategien** gehen sollte, werden deine Gedanken wieder klar und sortiert sein.

Der große Pluspunkt einer Gemeinschaft besteht aber in einem anregenden Austausch und Diskurs. Wann immer du etwas partout nicht verstehst, wird es jemanden geben, der dir das Problem ganz schlicht in eigenen Worten erklären und auch juristisch begründen kann. Wir haben häufiger einen lebhaften Austausch über aktuelle Themen in Politik und Wirtschaft und teilweise über deren juristische Bewertung geführt. Dieser Diskurs kann sich später in der mündlichen Examensprüfung auszahlen. In jedem Fall tut er das für deine Allgemeinbildung.

Auch dir können wir nur empfehlen, nach solchen Leuten Ausschau zu halten. Ein Freundeskreis, in dem fleißig gelernt und auch gefeiert wird, schließt sich nicht aus.

Falls dieses Pendel bei dir nur in eine Richtung ausschlägt, solltest du vielleicht über eine separate Lern- und Partygruppe nachdenken. Such dir Kommilitonen, die dir für eine effektive Zusammenarbeit geeignet erscheinen.

8. Pflicht- und freiwillige Praktika

Für die Zulassung zum Examen müssen während der Studienzeit (genauer in den Semesterferien) in der Regel drei Pflichtpraktika von jeweils vier Wochen absolviert werden.

Dabei sind die Stationen (Amts-) Gericht, Verwaltungsbehörde und Rechtsanwaltsbüro bzw. Rechtsabteilung eines Unternehmens, einer Gewerkschaft, eines Arbeitgeberverbandes oder einer Körperschaft wirtschaftlicher oder beruflicher Selbstverwaltung verpflichtend zu durchlaufen. Die Reihenfolge ist jedoch frei wählbar.

Wer sein Studium in der Regelstudienzeit (neun Semester) beenden möchte, sollte die Durchführung dieser Praktika nicht zu lange aufschieben. Weil – abhängig vom jeweiligen Bundesland – mit den Praktika nicht vor dem zweiten bzw. dritten Semester angefangen werden darf, bleibt nach hinten nicht viel Zeit. Wer im sechsten Semester mit der Examensvorbereitung beginnt, muss in all den Semesterferien vorher zumindest ein Praktikum abgeleistet haben. Auch das gehört zu einer gut geplanten Examensvorbereitung.

Leider ist in vielen Stationen der Name *Pflicht*praktikum Programm. Oft treffen unmotivierte Ausbilder, die die Betreuung der Studierenden als Pflicht ansehen und auch als solche abhandeln, auf nicht weniger inspirierte Studierende, die diese Zeit irgendwie noch neben ihrer Hausarbeit erledigt bekommen müssen. Ist halt Pflicht. Bei all den Diskussionen um eine Veränderung der juristischen Ausbildung ließe sich nach unserer Meinung nirgendwo so einfach der Rotstift ansetzen, wie an dieser zusätzlichen Belastung.

Trotzdem waren unsere Erfahrungen andere, durchweg positive. Damit auch du einen möglichst großen Nutzen und ein Maximum an Spaß aus diesen Praktika ziehen kannst, empfehlen wir dir, dich proaktiv auf spannende Stellen zu bewerben.

Wir empfehlen dir, dasjenige Pflichtpraktikum als letztes zu wählen, das deinem späteren Karriereinteresse am meisten entspricht. Das hat den einfachen Grund, dass so die Chance, wirklich mitarbeiten zu können, am größten ist. Zum Ende deines Studiums wirst du auch viel mehr von der Arbeit dort verstehen, kannst dich also viel mehr einbringen. Vielleicht triffst du bereits deinen potenziellen Arbeitgeber, bei dem du so einen guten Eindruck hinterlassen kannst.

Nicht selten wird dein Praktikum bei Gericht und teilweise auch bei der Verwaltungsbehörde (wegen der hohen Bewerberzahl) in einer Gruppenarbeitsgemeinschaft abgeleistet. Diese Arbeitsgemeinschaften haben meist schulischen Charakter, juristische Kenntnisse werden in diesen größeren Gruppen eher selten abgefragt bzw. vorausgesetzt. Die Reihenfolge Gericht – Verwaltung – Rechtsanwalt ist deshalb besonders empfehlenswert, weil, jedenfalls im Pflichtpraktikum, in diese Richtung auch der Grad potenzieller Anforderungen steigt.

In Niedersachsen ist es beispielsweise möglich, ein Pflichtpraktikum bei einem Landgericht abzuleisten, sofern dies in einer Gruppenarbeitsgemeinschaft angeboten wird. Vielleicht geht das auch in deinem Bundesland? Was sagt dein Ausbildungsgesetz?

Beim Gerichtspraktikum besucht ihr – sofern keine Arbeitsgemeinschaft angeboten wird – Verhandlungen des Richters, dem ihr zugeteilt worden seid. Oft fehlt es hier noch an fundiertem juristischen Wissen und/oder der Kenntnis um die prozessuale Einkleidung des Verfahrens. Trotzdem können – gerade strafrechtliche – Verhandlungen sehr spannend sein. Wenn du Glück hast, gibt dir der Richter auch Akten zur juristischen Bearbeitung und bespricht diese mit dir. Keine Sorge, eine qualitativ hochwertige juristische Ausarbeitung wird hier nicht erwartet.

Auf das Verwaltungspraktikum solltest du dich *sehr früh bewerben*. Die Erfahrung zeigt, dass die besten Plätze schnell vergeben und Kapazitäten ausgelastet sind. Besonders beliebt sind Praktika bei der Polizei, weshalb es hier besonders hohe Bewerberzahlen und wenig freie Plätze gibt. Letztendlich hängt die Qualität des Praktikums vom zugeteilten Sachbearbeiter/Beamten ab und davon, mit welcher Arbeit dieser dich betreut bzw. welche Arbeit er selbst zugeteilt bekommen hat. Das kann – im Vergleich zu den anderen Praktika – sehr langweilig sein. In dieser Zeit lernst du in jedem Fall auch die internen Strukturen der Verwaltung kennen und vielleicht bestätigt oder widerlegt sich das ein oder andere Vorurteil gegenüber Beamten – das ist aber ein anderes Thema.

Unser Tipp ist, auf oberste Ministerien auszuweichen. Die sind (nur geringfügig) weniger nachgefragt als die Polizei, können aber eine nicht weniger anspruchsvolle, wenn nicht sogar anspruchsvollere, Arbeit bieten.

Im Vergleich dazu bekommt man beim Rechtsanwalt eher sehr leicht ein Pflichtpraktikum, so auch bei den Großkanzleien. Was euch dort erwartet, hängt vom jeweiligen Anwalt ab. Es kann sein, dass ihr nur Akten kopieren müsst und zu Gerichtsverhandlungen mitfahrt. Je weiter ihr jedoch im Studium seid, desto eher werdet ihr euch mit juristischen Fragen und eurer Expertise einbringen können. Einen Einfluss kannst du bereits dadurch nehmen, indem du dich bei einer Kanzlei bewirbst, die auf dein Lieblingsrechtsgebiet spezialisiert ist. Teilweise kann man beim Rechtsanwalt aushandeln, wie oft man in der Woche anwesend sein muss.

In der anwaltlichen Tätigkeit geht es nicht mehr nur um das „stumpfe“ Subsumieren eines Sachverhaltes, sondern auch um die Belange und Emotionen der dahinter stehen Menschen. Das macht die Arbeit viel spannender und man nimmt auch ein wenig aus dem „wahren“ Leben mit. Dabei erfordert es eine gewisse Übung, auch mit schwierigen Charakteren während des Mandatsverhältnisses konstruktiv zusammenarbeiten.

9. Arbeiten neben dem Studium

Im Grund- und Hauptstudium ist es in der Regel kein Problem, neben den Vorlesungen zu arbeiten. Zwar kann es um die Klausurenphasen ein bisschen drücken, das ist ohne Job jedoch nicht anders. Wunderbar verrückt kann man sich immer machen.

Wichtig ist, dass ein gesundes Verhältnis zwischen *Haupt*studium und *Neben*job besteht und du mit der zusätzlichen Belastung gut umgehen kannst. Solange du Student bist, sollte dein Studium und nicht dein Job im Vordergrund stehen.

Wer sich während des Studiums ein fundiertes juristisches Grundwissen angeeignet hat, sollte auch während der Examensvorbereitung keine Probleme mit einer nebenberuflichen Tätigkeit bekommen. Im Gegenteil: Wir haben die Arbeit in Zeiten der Examensvorbereitung immer auch als gute Ablenkung und Ausgleich zum Lernen verstanden. In den letzten Monaten vor dem Examen ist es aber sicher ratsam, seinen Fokus explizit auf die Klausuren zu legen. Bis dahin bist du aber bereits so nervös, dass sich das von ganz alleine einspielen wird.

Bei der Wahl deines Nebenjobs können wir dir nur wärmstens einen juristischen Bezug empfehlen, sprich die Tätigkeit in einer Kanzlei oder als studentische Hilfskraft am Lehrstuhl. Damit haben wir beide sehr gute Erfahrungen gemacht. Der Stundenlohn ist zwar nur selten so hoch wie bei den Messejobs, dafür aber stetig und mit vielen weiteren Vorteilen verbunden.

So nehmen Kanzleien und Lehrstühle deutlich mehr Rücksicht auf deine Situation als Student, was sich etwa in extrem flexiblen Arbeitszeiten ausdrückt. Anders als in der Gastronomie spielt es hier häufig keine Rolle, zu welcher Tages- oder Nachtzeit du deinen Dienst antrittst. Auch eine Stundenreduzierung vor dem Examen sollte völlig unproblematisch sein.

Zusätzlich kannst du über diese Tätigkeiten wertvolle Kontakte knüpfen, kommst in einen ganz anderen juristischen Austausch, erhältst wertvollen Input sowie praktische Erfahrungen und Einblicke, die dir sonst verschlossen bleiben. Auch für Hausarbeiten, die allgemeine Planung des Studiums oder der Examensvorbereitung kann man sich fachkundige Empfehlungen einholen.

Im Vergleich dieser beiden Tätigkeiten können wir sagen, dass die Arbeitsbelastung in einer Kanzlei höher sein wird als am Lehrstuhl. Es macht schon einen Unterschied, ob der Kommentar des Professors auf Rechtschreibfehler durchgeschaut werden muss oder der Chef der Kanzlei deine Ausarbeitung in einer Sache mit Fristablauf erwartet. Die Arbeit in der Praxis fordert gänzlich andere Skills als an der Uni. Im Prozess bringt dem Mandanten die vielleicht dogmatisch schönere Ansicht der Literatur nichts, wenn in ständiger Rechtsprechung einfach anders verfahren wird. Hier zeichnen deine Ausarbeitungen für den Miss-/Erfolg vor Gericht Verantwortung und treten in Schlagabtausch mit der Gegenseite. Auch mit der Akquise und Betreuung von Mandanten sowie der Ausarbeitung von Konzepten wirst du am Lehrstuhl nichts zu tun bekommen. Dafür erhältst du hier die Chance, mit den führenden Köpfen der Wissenschaft in Kontakt zu treten. Nicht nur in Amerika, auch in Deutschland sind Universitäten Treiber für Innovation und Forschung; leider aber zu selten in praktischer Anwendung.

Durch die Fluktuation an Studierenden herrscht an den Universitäten ein stetiger Bedarf an studentischen Hilfskräften, weshalb die Unis aktiv Einstellungsakquise betreiben. Teilweise kämpfen die Lehrstühle sogar um die besten Studierenden des jeweiligen Durchgangs, weshalb es bei überdurchschnittlichen Noten gut sein kann, dass ein Professor von sich aus auf dich zukommt und dir eine Stelle anbietet. Regelmäßig finden sich auch *Stellenausschreibungen an den einzelnen Lehrstühlen*, auf die du dich bewerben kannst.

Kanzleien betreiben eine aktive Stellenausschreibung eher selten. Auch ohne offizielle Ausschreibung bestehen allerdings gute Einstellungschancen, gerade bei kleinen und mittelständischen Kanzleien. Hier ist *Eigeninitiative* gefragt. Schon im ersten Semester könntest du einer Kanzlei etwa proaktiv die *Betreuung der Webseite (regelmäßige Blogartikel) und einfache juristische Recherchen* anbieten.

Wichtig ist hier, dass du an einen Anwalt gerätst, der dich *mitmachen lässt und sich Zeit für dich nimmt.*

Damit auch du die Wahrscheinlichkeit erhöhst, an eine „gute" Kanzlei zu geraten, solltest du zunächst die digitale Visitenkarte, also das *Kanzleiprofil im Internet* besuchen. Auch wenn dies natürlich andere Gründe haben kann, so lässt sich bei einem älteren Internetauftritt auch auf veraltete Strukturen schließen, mit denen du dich als Arbeitnehmer lieber nicht rumschlagen willst. Wir würden dir empfehlen auf einen frischen Auftritt zu setzen, der frische Konzepte und Ideen vermuten lässt.

Im persönlichen Vorstellungsgespräch sollte dein zukünftiger Arbeitgeber ohne „Wenn und Aber" dazu bereit sein, dich ggf. in den letzten Monaten der Examensvorbereitung freizustellen und er sollte juristische Datenbanken wie Juris und beck-online benutzen. Vor Kanzleien ohne diesen Zugriff sollten nicht nur Mandanten einen weiten Bogen machen.

10. Stress im Grundstudium

Das Jurastudium verlangt dir insbesondere im Vergleich zum Abitur eine Menge ab, da du dir eine spezielle Denkmethode sowie den Gutachtenstil aneignen und sehr abstrakt denken musst. Des Weiteren wirst du mit einer überaus strenge Bewertung im Vergleich zu anderen

Studiengängen (wie z.B. Sozialpädagogik) konfrontiert. Dies gilt insbesondere im Vergleich zu den Schulnoten. Aus diesem Grunde ist es nicht selten, dass sich viele mit dem Studium und vor allem den Examina sehr schwer tun oder sogar mit psychischen Problemen und Erkrankungen zu kämpfen haben, wobei die Ursache in vielen Fällen Stress ist. Dieser kann dich aufgrund der „rosigen" Zeit in der Schule bereits im Grundstudium übermannen. Die Ursache kann dabei entweder in einer Überbelastung hinsichtlich des Lernstoffes, Frustration über die strenge Bewertungen der Klausuren oder sogar in dem Konkurrenzkampf mit deinen „Mitstreitern" liegen. Dazu kommt in vielen Fällen dann die Prüfungsangst. Sprich: die Angst zu versagen. Diese Angst schwebt wie ein Damoklesschwert über einem und droht jederzeit herunter zu fallen. Wir wollen dir im Folgenden Tipps geben, wie man mit dieser Angst, dem Stress und den Frustrationen umgeht bzw. umgehen kann und hoffen, dass dir das weiterhilft:

Struktur und Organisation: Eine gute Organisation des Alltags ist eine Möglichkeit, den Stresslevel deutlich zu senken. Denn je besser und effizienter das Lernen organisiert ist, desto höher ist der Lerneffekt und desto eher kann man in einer Klausur eine gute Leistung erbringen, die mit guten Noten einhergehen kann. Darüber hinaus hilft ein Lernplan dabei, dass man nicht durcheinander, sondern strukturiert und systematisch lernt. Des Weiteren hilft ein solcher Plan dabei einen Überblick über den Lernstoff zu erhalten und gibt dir vor, was du heute oder morgen zu lernen hast, sodass du dich auch nicht mehr mit der Auswahl des Lernstoffes stressen musst.

Gesundes Umfeld: Unter einem „gesunden Umfeld" verstehen wir Lerngruppen oder befreundete Jurastudenten, die sich selbst „pushen" sowie psychisch unterstützen und nicht „herunterziehen". So gibt es Jurastudenten, die am Montag erzählen, was sie alles „Tolles" am Wochenende gelernt haben und fragen zu allem Überfluss auch noch nach, ob du die juristischen Probleme auch schon kanntest. Um dem Ganzen die Krone aufzusetzen, sagen solchen Menschen auch noch, dass dieses Problem „total wichtig" sei. Die Reaktion darauf ist klar. Du schaust dir das Problem bei der nächsten Gelegenheit ggf. sogar sofort an und willst den Wissensvorteil deines Kollegen „einholen". Vielleicht hattest du aber auch bereits eigene Lernpläne für den Tag, sodass du jetzt noch mehr gestresst wirst, weil du das auch noch lernen musst. Achte also darauf, dass du dich mit Leuten umgibst, die gerade nicht so sind, sondern eher Gelassenheit ausstrahlen und dich nicht noch im Austausch über das Wochenende zusätzlich stressen.

Ausgleich und Freizeit: Damit das Gehirn aufnahmefähig bleibt, muss es auch mal entlastet werden. Dafür sind Bewegung und Sport sowie andere Freizeitaktivitäten, die dich entspannen lassen, bestens geeignet. Auch solltest du soziale Kontakte, insbesondere auch aus „fachfremden“ Kreisen, weiterhin pflegen, um nicht zu vereinsamen. Des Weiteren können dir die „Fachfremden“ ggf. nochmal eine andere Sicht auf dein aktuelles Leiden geben und dir dabei helfen, die Welt nicht nur „schwarz“ zu sehen. Im Übrigen hilft es auch dabei sich mit anderen über Probleme auszutauschen, um ggf. gemeinsam aus der misslichen Situation herauszukommen.

Selbstreflektion: Eine Selbstreflektion sollte nicht nur im Jurastudium, sondern generell im Leben angestrebt werden. Jedoch kann sie gerade Jurastudenten bei Stress hilfreich sein. So solltest du dich beispielsweise fragen „wo stehe ich im Vergleich zu anderen?“ oder „wie ist meine Leistung im Durchschnitt einzuordnen?“. Zwar kann dies auch zu weiterem Stress führen, wenn du deine Maßstäbe zu hoch ansetzt, aber in der Regel stresst du dich ja, weil du so überaus fleißig und perfektionistisch bist. Aus diesem Grunde wäre es manchmal ganz gut, wenn du dich „neben dich“ stellst und objektiv auf dich schaust. Dann kann dir auffallen, dass entweder deine Mitstreiter die gleichen Probleme haben wie du und dass das wohl „normal“ ist oder dass du im Vergleich zu den anderen „ganz gut da stehst“. Letztendlich kann es dir dabei helfen, ob du dir gegenüber eventuell zu hohe Maßstäbe ansetzt, was häufig der Fall ist.

Selbstbewusstsein: Neben einer Selbstreflektion bedarf es einem gesunden Selbstbewusstsein. Denn nur dann, wenn du davon überzeugt bist, dass du die Klausuren gut meistern wirst, stellst du dich der Herausforderung und schreibst dein Gutachten in der Klausur voller Überzeugung und ohne Zweifel auf. Du darfst dich also nicht „klein“ machen, sondern musst mit „breiter“ Brust in die Klausur gehen. Sag dir selbst, dass du die Klausur schaffen wirst und dass du gut vorbereitet bist sowie alles getan hast, um das Maximum zu erreichen. Mehr konntest du nicht tun. Mit diesem Gefühl oder mit dieser Einstellung kannst du mit Prüfungsstress und –angst am besten umgehen.

Noten akzeptieren: Ganz wichtig ist letztendlich, dass du die Noten bzw. den Notenmaßstab im Jurastudium akzeptierst. Es herrscht halt eine strenge Benotung, die dich unnötig belasten kann, weil du z.B. im Vergleich zu deinen vorherigen Noten in der Schule deutlich schlechter abschneidest. Dies ist jedoch vollkommen in Ordnung und überhaupt nicht besorgniserregend. Denn 10 Punkte in der Schule sind auf keinen Fall mit 10 Punkten im Jurastudium vergleichbar. Wenn du also in der Schule immer „Topnoten“ hattest, musst du damit klarkommen, dass bereits 7 Punkte eine gute Leistung darstellen, obwohl 18 Punkte zu erreichen wären. Du musst dich also von deinen alten Bewertungsmaßstäben lösen und einfach akzeptieren, dass die Noten im Jurastudium „anders“ sind. Andernfalls wirst du dich einfach zu sehr unter Druck setzen.

11. Tipps im Grundstudium

Fragt man Studenten nach ihrem Erfolgsrezept im Studium schwören einige auf die Fallwiederholung aus der Arbeitsgemeinschaft. Andere sagen, man müsse die Lehrbücher durcharbeiten, wieder andere setzen lieber auf Fallbücher oder sogar eine Lerngruppe. Es wird klar: Ein Patentrezept fürs Studium gibt es nicht. Jeder hat seine individuelle Art zu lernen und auch du musst erstmal austesten, welcher Lerntyp du bist.

Für uns war damals der Griff zum Lehrbuch die geringste Einstiegshürde ins Lernen. Das aufbereitete Wissen schafft schnell Verständnis und bietet eine erste Struktur. Das so erworbene Wissen haben wir dann anschließend anhand von Fällen weiter vertieft und überprüft. Diese Vorgehensweise ist aber nicht absolut.

– Zu jedem Rechtsgebiet gibt es gleich eine Fülle an Lehrbüchern. Diese unterscheiden sich in der Darstellung des Lehrstoffes und in ihrem Schreibstil. Mit welchem Buch du am besten lernen kannst, hängt deshalb von deiner individuellen Aufnahmefähigkeit ab. Am besten liest du dich in jedes Lehrbuch kurz einmal rein.
– Eine Alternative zu den dickeren Lehrbüchern können *Skripte* von *Alpmann Schmidt* oder *hemmer* sein, die einen Überblick über den wichtigsten Teil des Lehrstoffs vermitteln.
– Auch bei den Fallbüchern besteht eine große Auswahl. Dabei wird dir schnell auffallen, dass diese unterschiedliche Schwierigkeitsgrade aufweisen. Im Grundstudium solltest du dabei leichtere Fälle zum Lernen verwenden, um einen Schwerpunkt auf juristische Grundlagen und insbesondere den Gutachtenstil zu legen.

Für das Falltraining eröffnen z.B. die *Fallbücher „Die Fälle“* einen ersten Einstieg. Aber *Achtung*: Das Niveau dieser Fälle reicht bei weitem nicht an das der Erstsemesterklausuren heran. Wer nur mit diesen Büchern übt, erlebt in den Klausuren ein böses Erwachen. Für die Klausurvorbereitung sollte deshalb unbedingt auch zu anderen Fallbüchern gewechselt werden.

Richtige Probeklausuren findest du übrigens im *Klausuren-Pool* deiner Fachschaft oder in den verschiedenen *Ausbildungszeitschriften*. Im *JuS-Klausurfinder*[43] sind diese sogar nach Themen und Problemschwerpunkten geordnet.

Zur Orientierung bei der Falllösung haben wir auf die Webseite *„juraschema.de“* als auch auf die kleinen Taschenbücher aus der *„Jurakompakt“-Reihe* zurückgegriffen, die grundlegende Prüfungsschemata und Definitionen beinhalten.

---

[43] www.rsw.beck.de/zeitschriften/jus/klausurfinder.

Für eine Vertiefung der *Juristischen Methodenlehre* kannst du auf das entsprechende Buch von *Zippelius* zurückgreifen.

Einen guten Überblick über alle bis 2013 erschienenen Fachartikel in der JuS-Zeitschrift findest du im *JuS-Tutorium.*[44] Nicht wenige dieser Artikel haben jedoch ein hohes wissenschaftliches Niveau, das über den geforderten Pflichtstoff hinausgeht.

Empfehlenswert sind in jedem Fall solche Artikel, die dir wertvolle *Tipps über das methodische und taktische Vorgehen in der Klausurlösung* vermitteln, wie etwa der Darstellung eines Meinungsstreits oder einer guten Schriftsprache im Gutachten. Ein kleiner Auszug unserer damaligen Lektüre: JuS 2003, 551; JuS 2003, 649; JuS 2011, 865; JuS 2010, 288; JuS 2009, 289; JuS 2009, 394; JuS 2009, 881; JuS 2012, 877. Aber auch andere Zeitschriften, wie die *JA, JURA* oder die *NJW* haben vergleichbare Aufsätze. Einfach mal bei *beck-online* suchen.

Wer parallel zum Studium unbedingt eine juristische Fachzeitschrift lesen will, dem können wir die *RÜ* von *Alpmann Schmidt* empfehlen. Hier bekommst du einen Überblick über die wichtigsten Entscheidungen des Monats, die gleich auch in Klausurform, also mit Sachverhalt und ausführlicher Lösung im Gutachtenstil, dargestellt werden. Das kann hilfreich sein, um den Gutachtenstil zu festigen. Nicht selten sind die hier gutachterlich aufgearbeiteten Entscheidungen auch Gegenstand späterer Examensklausuren.

Über aktuelle Urteile kann man sich übrigens auch gut über den *Newsletter des BGH* und den *Newsletter Rechtsindex* auf dem Laufenden halten.

Empfehlenswert ist auch das Angebot *„Der Fall des Monats im Strafrecht" (famos)*, der wichtige Entscheidungen des Strafrechts nicht nur auf maximal sechs Seiten zusammenfasst, sondern gleich auch die Bedeutung für Ausbildung und Praxis sowie eine Kritik äußert.

Im Öffentlichen Recht bieten die *„Saarheimer Fälle zum Staats- und Verwaltungsrecht"* einen ähnlichen Service und versorgen dich mit Klausurfällen samt Lösungsskizze.[45]

– Ältere, ausgemusterte Kommentare kann man sehr kostengünstig in den Bibliotheken der Gerichte oder den Landesbibliotheken erstehen. Meist erhält man für diese schon für 5–10 € und hat ein tolles Nachschlagewerk für den Schreibtisch zu Hause. Hier sind der Palandt und der StGB-Kommentar von Fischer zu empfehlen.
– Vielleicht reichen dir bei der Anfertigung der ersten Hausarbeit bereits die *Leitlinien zur Erstellung einer Hausarbeit*, die deine Uni

---

[44] www.gsk.de/uploads/media/JuS-Tutorium_2013_online.pdf.
[45] www.saarheim.de/klausur.htm.

kostenfrei zur Verfügung stellt. Andernfalls existieren auch hier verschiedenste Lehrbücher, die ihre Unterstützung anbieten.

- Für die Erstellung deiner Hausarbeit findest du auch im Web unterstützung: So bietet dir etwa JuraOnline einen 30-Tage-Zugang mit unbeschränktem Juris-Zugang und vielen weiteren Extras zu einem moderaten Preis an.[46] Cool ist auch die Webseite „Elchwinkel". Hier bekommst du kostenlos Gesetze, Definition und Schemata geliefert, die du dir ganz einfach per Copy & Paste im Editor zusammenstellst und in deine Hausarbeit exportierst.
- Für eine einmalige und günstige Anmeldegebühr bietet die Datenbank Juris Studierenden einen permanenten Zugriff auf verschiedene Gerichtsurteile (begrenzt auf die obersten Gerichte).
- Mittlerweile kann man sich über viele Unis auch einen kostenlosen Heimzugang für beck-online einrichten, was in der eigenen Anschaffung sonst doch verhältnismäßig teuer wäre. Diese Datenbank eignet sich für jede juristische Recherche. Am besten informierst du dich in deiner Bibliothek mal über einen Zugang.
- Brauchst du Jura-Nachhilfe? Über die Seite Campushelfer.de findest du welche. Eine individuelle Nachhilfestunde kostet hier um die 50 €. Das ist ein fairer Preis. Eventuell kommst du noch günstiger weg, wenn du dich mit diesem Anliegen direkt an einen deiner AG-Leiter wendest.
- Auf seinem YouTube-Kanal „RCHTSNWLT" bietet Dr. Dominik Herzog witzige wie wichtige Informationen rund um das Jurastudium und die Arbeit als Rechtsanwalt. Gerne beantwortet er über #FragDominik auch deine Fragen.
- Auf dem Instagram-Account „jurastudent_in" erhältst du neben Literaturempfehlungen auch hilfreiche oder aufbauende Zitate aus lesenswerten Büchern.
- Solltest du gerade am Jurastudium zweifeln, können dich Zitate von dem Instagram-Account „breakingthrough.de" aufbauen oder zum Weitermachen ermutigen. Hilfreiche Informationen kannst du ansonsten auch über den Instagram-Account deiner juristischen Fakultät erlangen, sofern diese über einen solchen Account verfügen sollten (so ist z.B. der juristischen Fakultät Hannover der Instagram-Account „jurahannover" zuzuordnen).

---

[46] www.jura-online.de/blog/hausarbeitenzeit-mit-jura-online/.

V. Hauptstudium

Im weiteren Verlauf deines Studiums erfolgt eine vertiefte Auseinandersetzung mit den drei Rechtsgebieten des Strafrechts, des Zivilrechts und des Öffentlichen Rechts. Abhängig vom Bundesland geschieht dies entweder im Rahmen einer umfangreichen Zwischenprüfung oder im sog. Hauptstudium, mit dann großen Übungen bzw. kleinen Scheinen.

Ihr Bestehen hängt von verschiedenen Voraussetzungen ab, die zwischen den einzelnen Universitäten variieren. Regelmäßig sind jedoch eine Mindestanzahl an Klausuren abzuleisten sowie eine Hausarbeit pro Rechtsgebiet erfolgreich zu bearbeiten.

Der Schwierigkeitsgrad dieser Klausuren divergiert ebenfalls stark zwischen den einzelnen Universitäten und Bundesländern. Ihr Niveau soll dich eigentlich an das im Staatsexamen heranführen. Tatsächlich besteht jedoch ein gewaltiger Unterschied zwischen diesen Klausuranforderungen und denen der Examensklausuren. Auch wenn du im Anschluss an das Hauptstudium „scheinfrei" bist, „examensreif" bist du damit noch lange nicht. Das beweist schon die anschließende, meist einjährige Examensvorbereitung.

Wir empfehlen, weiterhin *Übungsklausuren für Fortgeschrittene* zu schreiben, die den Umgang und die Kombination von neuen Problemen aus ganz unterschiedlichen Rechtsbereichen trainieren.

In den Klausuren, die nun bereits *Bearbeitungszeiten von drei bis vier Stunden* umfassen, werden oft noch *Standardprobleme*, sogenannte „Klausur-Klassiker" abgeprüft.

Das ist häufig auch vom Schwerpunkt desjenigen Professors abhängig, der aktuell die Klausur erstellt. Im Öffentlichen Recht ist mitunter das Europarecht weniger prüfungsrelevant, im Strafrecht gilt dasselbe für das Strafprozessrecht.

Einige der Klausurprobleme sind in abgewandelter Form auch den Arbeitsgemeinschaften entnommen oder wurden in der Vorlesung besprochen. Die dort abgehandelten Themen sollten dir deshalb bekannt und geläufig sein.

Mittlerweile ist dein allgemeines juristisches Verständnis zudem hoffentlich soweit geschult, dass du (erste) juristische Zusammenhänge erkennen sowie erste Synergieeffekte nutzen kannst und über ein gesteigertes Problembewusstsein verfügst. Trotz dieser gewissen Routine erleben Studierende in diesem Mittelteil des Studiums ihren ersten *Motivationseinbruch.*

Die Veranstaltungen decken größere Wissenslücken aus den vorherigen Semestern auf und fordern die Verarbeitung einer stark erhöhten Stoffmenge bei gleichzeitig gestiegenen Anforderungen. Wie du mit diesem Stress umgehen kannst, zeigen wir dir zum Abschluss dieses Kapitels.

> Suche nach spannenden Veranstaltungen, die dich in dieser Zeit für die Rechtswissenschaft begeistern, um neue Anreize zu schaffen.

Im Gegensatz zu den Anfangssemestern werden die Klausuren nun nicht mehr am Ende des Semesters, sondern *im Semester geschrieben.* Dadurch bleibt dir weniger Vorbereitungszeit, die Semesterferien sind dafür endlich entspannter.

Du solltest darauf vorbereitet sein, schon bald nach Beginn des Semesters deine erste Klausur zu schreiben und den Lehrstoff bereits entsprechend aufbereitet haben. Das Lernen kannst du in dieser Zeit nicht lange vor dir herschieben. Einen langsamen Start, wie noch in den vorherigen Semestern, gibt es nicht mehr.

> Es ist ratsam, sich einen Lernplan für die jeweils nächste Klausur zu erstellen und darauf zu achten, ob der Professor im Hinblick auf die nächste Klausur Themengebiete ausgeschlossen oder begrenzt hat.

Daneben treten *Pflichtfächer*, die du in der Regel *freiwillig* besuchen *kannst.* Teilweise werden dort auch nicht mal Klausuren angeboten. Anders als der Name vermuten lässt, handelt es sich also nicht um verpflichtende Veranstaltungen. Abhängig von deiner Prüfungsordnung kann ihr Besuch aber zwingend sein, um nötige Klausurpunkte zusammenzubekommen.

Zivilrecht	**Öffentliches Recht**	**Strafrecht**
Handels- und Gesellschaftsrecht	Verwaltungsprozessrecht	Strafprozessrecht
Arbeitsrecht	Kommunalrecht	
Familienrecht	Polizeirecht	
Erbrecht	Baurecht	
Internationales Privatrecht	Europarecht	

Eine bestimmte Reihenfolge dieser Fächer muss dabei nicht eingehalten werden. Gerade für die Vertiefung im Öffentlichen Recht empfiehlt es sich jedoch, den Besuch so abzustimmen, dass du die Rechtsgebiete des besonderen Verwaltungsrechts (sprich Kommunal-, Polizei- und Baurecht) und das Verwaltungsprozessrecht in einem engen zeitlichen Zusammenhang gehört hast.

Im Zivilrecht gilt Ähnliches. Dort sollte eine Vertiefung des Lernstoffes natürlich primär in dessen Kernbereichen erfolgen. Selbstverständlich dürfen wesentliche Grundzüge der zivilrechtlichen Randgebiete daneben nicht ausgelassen werden. Den klausurrelevanten Stoff entnimmst du der jeweiligen Prüfungsordnung deiner Universität.

Selbst wenn du alle nötigen Punkte frühzeitig zusammen hast, empfehlen wir dir, jede Klausur mitzunehmen, die dir angeboten wird.

Mit Blick auf das Examen ist dies nicht nur eine gute Vorbereitung, es ist auch wichtig, damit du den ganzen Lehrstoff mitnimmst, aktiv aufbereitest und dich gedanklich nicht schon vorschnell in die Semesterferien verabschiedest.

Um dein Wissen abrufbar und auf aktuellem Stand zu halten, könntest du sogar darüber nachdenken, einige Klausuren nach einem Jahr zu wiederholen – ganz ohne Notendruck. Das wird sich positiv bei der Examensvorbereitung bemerkbar machen.

1. Vertiefung im Strafrecht

Weil der allgemeine und der besondere Teil des Strafrechts meist schon nach zwei, drei Semestern „abgefrühstückt" sind, starten die meisten Studierenden mit der Vertiefung im Strafrecht.

Im Gegensatz zum Grundstudium besteht eine Klausur hier aus mehreren Problemen, die nicht selten aus unterschiedlichen Bereichen des Strafrechts stammen. Wegen dieser erhöhten Problemdichte bleibt für die Klausurlösung noch weniger Zeit als im Grundstudium. Extrem häufig sind dabei Problemschwerpunkte aus dem Bereich der Körperverletzungsdelikte, der Abgrenzung Diebstahl/Betrug sowie Raub/räuberische Erpressung, dem Problemkreis um Mordmerkmale als persönliche Merkmale (§ 28 StGB) und dem Erlaubnistatbestandsirrtum (ETBI). Dies gerne in Kombination mit einem Versuch- oder Fahrlässigkeitsaufbau oder dem eines erfolgsqualifizierten Delikts. Eine Garantie, dass die o.g. Themen in deiner Klausur abgefragt werden, können wir dir jedoch nicht geben.

Auch die Hausarbeiten haben es jetzt richtig in sich. Wegen der gestiegenen Problemtiefe sind sie später oft auch Inhalt von Examensklausuren. Vielleicht spornt dich das ja zu einer besonders gründlichen

Ausarbeitung an? Zur Anfertigung ergeben sich jedoch keine nennenswerten Abweichungen zur Hausarbeit aus dem Grundstudium. Für Tipps verweisen wir deshalb nach oben.

Achte bei den Hausarbeiten jetzt besonders auf eine *ausreichende Anzahl* an zitierter Fachliteratur und in jedem Fall darauf, dass du – trotz Problemflut im Verhältnis zur knapp bemessenen Seitenzahl – nicht auf einen *konsequenten Gutachtenstil* verzichtest. Gegenteiliges wird von Korrektoren oft hart bestraft. Bevor du dem Urteils- oder Feststellungsstil verfällst, verzichte lieber auf ein Randproblem des Sachverhalts. Auch in dem Weglassen der Diskussion von Randthemen zeigt sich juristisches Urteilsvermögen!

2. Vertiefung im Bürgerlichen Recht

Die Vertiefung im Bürgerlichen Recht unterscheidet sich vom Grundstudium darin, dass die einzelnen Rechtsgebiete des Zivilrechts mittlerweile kombiniert und nicht mehr separat geprüft werden. Im Gegensatz zur Vertiefung im Strafrecht liegt das Problem deshalb nicht in der zeitlichen Bearbeitung, sondern in der Zusammenführung deiner verschiedenen Kenntnisse. Grundsätzlich musst du dich darauf einstellen, dass alles abgeprüft werden kann. Auch wenn wir das nicht garantieren können, werden Problemschwerpunkte meist in den Kernfächern Vertragsrecht, allgemeines Schuldrecht, besonderes Schuldrecht und Sachenrecht liegen.

Gleiches gilt für die Hausarbeit. Hier können aber auch Rand- oder Nebengebiete wie z.B. Erb- oder Familienrecht eine Rolle spielen, was bei mangelnden Rechtskenntnissen ein Mehr an (Recherche-) Zeit kostet.

3. Vertiefung im Öffentlichen Recht

Die Klausuren im Öffentlichen Recht enthalten immer auch prozessuale Fragen. Das bedeutet, dass du um das *Verwaltungsprozessrecht* nicht herumkommen wirst. Dementsprechend lohnen hier vertiefte Kenntnisse.

Im materiellen Recht können dir neben Problemen aus dem Verwaltungsrecht auch solche aus dem Kommunal-, Polizei-, und Baurecht sowie die bereits bekannte *Prüfung von Grundrechten* begegnen. Dieses Wissen musst du ebenfalls parat haben.

Für die Hausarbeit gilt das gleiche wie für die Klausuren. Auch hier kann eine Abwägung von Grundrechten, eingekleidet in einen Fall aus dem Polizei-, Kommunal- oder Baurecht abgeprüft werden.

4. Klausurfehler aus Sicht des Korrektors

Weil es sich bei den Klausuren bereits um die letzten Pflichtstoff-Prüfungen vor dem Examen handelt, werden sie von den Korrektoren härter bewertet als noch in den ersten Semestern. Der Gutachtenstil und die möglichst kurze, nicht ausschweifende Abhandlung von unproblematischen Inhalten müssen jetzt einfach sitzen. Zugleich sollten Schwerpunkte der Klausur erkannt und zumindest im Großteil gelöst werden können. Kleinere Patzer, wie der eine oder andere materielle Fehler oder eine falsche Schwerpunktsetzung, werden dagegen eher noch verziehen.

Jeder Korrektor hat gewisse „Nervenpunkte" (z.B. der Verstoß gegen das Abstraktionsprinzip, unsauberes Zitieren von Normen, unübersichtliche Gliederungen usw.), die ihn an die Decke gehen lassen und die zu teilweise heftigem Punktabzug führen.

Dem solltest du vorbeugen, um nicht negativ aufzufallen. So kann ein Verstoß gegen das Abstraktionsprinzip vermieden werden, indem man sich einprägt, zwischen schuld- und sachenrechtlicher Einigung zu trennen und zum Abschluss der Klausur nochmal in Ruhe zu überprüfen, ob ein solcher Verstoß in der Eile und Aufregung unterlaufen ist. Das unsaubere Zitieren von Normen lässt sich verhindern, indem du dich zwingst, *immer* sauber zu zitieren. Auch einer unübersichtlichen Gliederung der Klausur kann durch Fleiß und Klausurtraining vorgebeugt werden.

Für einen sauberen Gutachtenstil und die Prüfung von Unproblematischem gibt es keine Punkte, dort kannst du solche nur verlieren. Das gilt auch, wenn der Gutachtenstil beim Schwerpunkt oder Problem des Falles nicht eingehalten wird. Ebenfalls negativ fällt auf, wer bei unproblematischen Prüfungspunkten ausschweift und deshalb den Schwerpunkt der Klausur nicht lösen kann (Schwerpunkt verfehlt).

Als *Faustformel* kannst du dir hier merken, dass überall dort, wo du nicht schnell und einfach subsumieren kannst, ein Schwerpunkt liegt.

Auffällig sind die *Zeitprobleme*, mit der Studierende gerade bei der Bearbeitung einer Strafrechtsklausur immer wieder zu kämpfen haben. Eine unvollständige Klausurlösung, d.h. eine Klausur, die mitten in der Prüfung eines Anspruchs beendet wird, solltest du möglichst vermeiden. Bei Zeitdruck solltest du lieber einen unproblematischen, aber einschlägigen Anspruch oder Straftatbestand weglassen oder nur in einem Satz anprüfen bzw. ablehnen, als dass beim Korrektor der Eindruck entsteht, dass du einen problematischen Anspruch vergessen bzw. nicht richtig bearbeitest hast.

Um trotzdem alle Probleme in der vorgegebenen Zeit zu lösen, solltest du nicht jeden Prüfungspunkt wie noch im Grundstudium im Gutachtenstil abhandeln. Unproblematisches ist im *verkürzten Gutachtenstil*, der Definition und Subsumtion verbindet, zu präsentieren. Weil die Große Übung als Bindeglied zwischen Examen und Zwischenprüfung funktioniert, solltest du dem Korrektor trotzdem anfangs in der Klausur zeigen, dass du den Gutachtenstil beherrschst. Dieses Vorgehen zu trainieren, empfiehlt sich auch mit Blick auf die Examensklausuren.

Beispiel: A hat durch den Schuss mit der Waffe eine rechtlich-missbilligte Gefahr geschaffen, die sich im Tod des B realisiert hat.

Wegen der grundsätzlichen Zeitknappheit solltest du nie Ansprüche prüfen, nach denen entweder nicht gefragt ist oder die evident nicht vorliegen. *Auch nicht mal eben kurz anprüfen* – das ist schon bei Anfängerklausuren fatal. Anderes gilt nur dann, wenn die Fallfrage die Prüfung des Anspruchs hergibt und wenn im Sachverhalt Anhaltspunkte für eine solche Prüfung vorhanden sind.

Beispiel: A ist Mieter einer Wohnung. B ist dessen Vermieter. A ist sauer auf B, weil dieser mit seiner Frau angebandelt hat. Daher zerstört er die mitvermietete Küche des B. Dadurch ist dem B ein Schaden in Höhe von 2.000 Euro entstanden. Ansprüche des B gegen A?

Zu prüfen sind Schadensersatzansprüche des B gegen A. Es ist jedoch nicht zu prüfen, ob der B den A kündigen könnte. Mangels Kündigungserklärung ist eine Prüfung eines Kündigungsrechts schon nach dem Sachverhalt abwegig. Durchgreifend ist jedoch, dass es sich bei einer Kündigung um ein Gestaltungsrecht handelt, welches geltend gemacht werden muss. Wer einen Vertrag kündigen darf, hat keinen „Anspruch auf Kündigung“, sondern ein Kündigungsrecht. Der Korrektor möchte also nicht lesen, ob der B den A kündigen könnte. Die Fallfrage müsste dann vielmehr lauten, ob der B den A kündigen könnte oder wenn er die Kündigung erklärt hat, ob die Kündigung des B wirksam war.

In einer Anfängerklausur kann man noch nachvollziehen, dass ein Student, der schlicht keine Ahnung von der richtigen Lösung hat, den Sachverhalt irgendwie „verwurstet“, um zur richtigen Lösung zu gelangen. Dagegen erwartet man mittlerweile von dir, dass das Geschriebene „Hand und Fuß“ hat und eben nicht an den Haaren herbeigezogen ist. Eine Klausur ist weder ein wissenschaftlicher Aufsatz noch eine Doktorarbeit, sondern nur eine Wissens- und Leistungskontrolle. Daher solltest du dich auf das konzentrieren, was du gelernt hast und was du anwenden kannst. Bitte sei auch sparsam mit reinen Billigkeitserwägungen, die – wenn überhaupt – erst im Abschluss an eine fundierte juristische Argumentation getroffen werden können.

Nach unserer Erfahrung stolpern die meisten Studierenden jedoch nicht über ihr mangelndes Problembewusstsein, sondern über einzelne *juristische Ungenauigkeiten* gepaart mit einem *schlicht nicht ausreichenden Gutachtenstil.* Wer seine juristische Expertise dagegen im einigermaßen passablen Schreibstil und ohne eklatante Schnitzer präsentiert, wird in der Regel mit einer Klausur im ausreichenden Bereich rechnen können. Zusätzliche Punkte bekommt, wer den Korrektor durch eine tiefgründige Argumentation unter Einsatz der juristischen Methodenlehre (siehe oben) zu beeindrucken vermag. Letztlich alles eine Sache der (großen) Übung.

Wenn du einmal eine Klausur nicht bestehen solltest, ist das kein Beinbruch. Jedenfalls ist das kein Grund, den Kopf (länger als nötig) hängen zu lassen. Das Semester war keinesfalls umsonst. Ganz im Gegenteil. Für die erneute Vorbereitung muss nur noch ein Bruchteil der Zeit investiert werden, weil man auf seine gründliche Arbeit im vorherigen Semester zurückgreifen kann. Auch braucht es manchmal einfach seine Zeit und mehrmalige Wiederholung, bis man einige juristische Probleme durchdringt.

5. Schlüsselqualifikationen und andere Veranstaltungen

Für die Anmeldung zum Examen müssen neben den großen Übungen zwingend auch *Schlüsselqualifikationen* erworben werden. Dazu können etwa ein Fremdsprachennachweis sowie eine Lehrveranstaltung im Bereich der Wirtschafts- oder Sozialwissenschaften, wie der Buchführung, der Betriebs- bzw. Volkswirtschaftslehre, gehören.

Gerade zum Ende des Hauptstudiums, wenn immer mehr der Pflichtveranstaltungen erfüllt und Klausuren bereits erfolgreich gemeistert sind, beginnt nochmal eine sehr interessante Phase deines Studiums. Dieses plötzliche „Plus“ an freier Zeit eröffnet dir die Gelegenheit, mehr und mehr eigene, spezifische Interessen zu verfolgen und in deinen Studienalltag zu integrieren.

Jetzt kannst du etwa deine juristische Spezialisierung weiter ausbauen, aber auch ganz andere Vorlieben als geistigen Ausgleich zum Jurastudium verfolgen und vertiefen. Um eine übersteigerte Betriebsamkeit zu vermeiden, solltest du dir dabei jedoch einen klaren Fokus zulegen, damit es tatsächlich auch sinnvolle *Ergänzungen* sind und bleiben.

6. Stress im Hauptstudium

Die eingangs in diesem Kapitel beschriebene Situation erhöhter Stoffmenge bei gleichzeitig gestiegenen Anforderungen in der Klausur verursacht Stress. Die Vorlesungen behandeln nicht Alles, was du zum Bestehen der Klausuren benötigst und/oder du brauchst einfach ein bisschen länger, um den Stoff für dich nachzuarbeiten und zu verinnerlichen. Aus der Unmenge an Lehrbüchern, Aufsätzen und Urteilen musst du für dich das passende Studienmaterial heraussuchen. Was eröffnet dir den besten Zugang und schafft ein gutes Verständnis? Das herauszufinden kostet auch erstmal Zeit.

> Nach dem Ende einer Vorlesung zur Vertiefung des Zivilrechts, bei der ich gemerkt habe, dass ich dem Ganzen noch nicht richtig folgen kann, bin ich deshalb nach der Stunde zur Professorin und habe um Rat gefragt. Ich habe so z.B. die Literaturempfehlung „Grunewald, Bürgerliches Recht, Ein systematisches Repetitorium" bekommen, mit der ich mir nochmal einen Überblick über das gesamte BGB verschaffen konnte. Ich persönlich konnte damit wirklich gut arbeiten. Weitere Tipps geben wir dir zum Abschluss dieses Kapitels.

Gerade weil Jura so viel Denkarbeit ist, fällt es irgendwann schwer, im Kopf Ruhe zu finden. Es ist wichtig, dass du dir eine Strategie zurecht legst, um auch mal abzuschalten und dein Hirn zu entlasten. Automatismen, die du immer dann durchläufst, wenn der Kopf brummt oder es dir gerade einfach nicht gut geht. Sport und Bewegung an der frischen Luft oder einfach eine andere Auslastung durch Lesen, Spielen oder der Austausch mit Freunden.

Was macht dir eigentlich Stress? Woher kommt er? Nach unserer Erfahrung ist das gar nicht die Erwartungshaltung der Eltern, sondern vielmehr unsere eigene Erwartungshaltung und natürlich auch unser Umfeld, insbesondere Kommilitonen. Ein erster wichtiger Schritt Richtung Auflösung ist immer die Lokalisierung und Beschreibung des Problems. Anhand dessen können dann Lösungsstrategien entwickelt werden. Diese Übersicht verschafft Planungssicherheit.

Die Suche nach den Auslösern für deinen Stress kann ergeben, dass nicht deine eigene Erwartungshaltung die Ursache ist, sondern die Erwartung oder das Verhalten deiner Kommilitonen. In besonders belastenden Phasen des Studiums kann sich das Verhältnis zu deinen Freunden schnell verändern, da jeder und jede mit Stress unterschiedlich umgeht. Bei manchen drückt sich der Stress als schlechte Laune aus, die sie dann an anderen auslassen. Wieder andere fangen in

Drucksituationen an, sich mit ihren Freunden zu vergleichen und ein Konkurrenzdenken zu entwickeln. Wenn du das Gefühl hast, dass dir das gemeinsame Lernen oder allgemein der Kontakt zu einem Kommilitonen oder einer ganzen Gruppe von Kommilitonen vor einer wichtigen Klausur oder während der Lernphase vor dem Examen nicht guttut, dann solltest du dich trauen, dich von dieser Person oder der Gruppe für diesen Zeitraum zu distanzieren, auch wenn du den- oder diejenigen schon lange kennst und ihr bisher immer gut zusammen gelernt habt. Freunde werden dafür Verständnis haben.

„Also ich habe ja wieder zehn Stunden in der Bib geballert. Einfach durchgezogen. Richtig malocht!" – Das ist tatsächlich sehr unwahrscheinlich. Zehn Stunden abgesessen, okay. Aber effektiv zehn Stunden arbeiten, das geht nicht. Es lohnt sich derartige und auch andere Stress-Aussagen kritisch zu hinterfragen.

Nicht immer bemerkt man die Anzeichen von Stress rechtzeitig oder schätzt sich und seine Belastungsgrenzen richtig ein. Wenn trotz aller Bemühungen und Automatismen die Last so groß wird, dass du einfach nicht mehr weiter kannst, dann solltest du ernsthaft Hilfe suchen. Die Universitäten haben in den vergangenen Jahren entsprechende Beratungs- und Entlastungsangebote aufgebaut. Aber auch Gespräche mit einem Tutor oder einen Arzt können dabei helfen, die eigene Strategie neu auszurichten oder unterstützen bei der Entscheidung, ob ein Studienwechsel sinnvoll ist.

7. Tipps im Hauptstudium

- Einen großen Anteil am Erfolg in deinem Hauptstudium werden deine *AG-Leiter* haben. Um dir weiteres Falltraining oder größere Wiederholungen zu ersparen, solltest du bereit sein, auch von der Uhrzeit her späte Veranstaltung wahrzunehmen. Wegen der wenigen AG-Teilnehmer ist der Unterricht meist individueller, intensiver und qualitativ wertvoll.
- Bei der Vertiefung des Lehrstoffs wirst du um Lehrbücher in der Regel nicht herumkommen. Erst diese vermitteln meist das notwendige Verständnis. Für die Vertiefung im Öffentlichen Recht haben wir uns zusätzlich *Skripte* gekauft, die die *individuelle Landesgesetzgebung berücksichtigen.* Diese bieten eine sehr gute, verständliche Erklärung. Generell ist es schwer, Bücher im Öffentlichen Recht mit Bezug zur jeweiligen Landesgesetzgebung zu finden.
- Zur Vorbereitung auf die Klausuren ist es im Vergleich zum Grundstudium wichtig, dass du nun Fallbücher verwendest, die den Schwerpunkt nicht mehr ausschließlich auf den Gutachtenstil legen,

sondern vielmehr juristische Probleme abprüfen. Du kannst dazu etwa in Fachzeitschriften oder über den Klausuren-Pool deiner Fachschaft den Schwierigkeitsgrad der Klausuren im Hauptstudium ermitteln und danach nach Fallbüchern mit einem entsprechenden Schwierigkeitsgrad Ausschau halten. Regelmäßig findest du in den Fallbüchern Hinweise darauf, ob es sich um ein Fallbuch für Anfänger oder Fortgeschrittene handelt. Aufklärung leistet sonst das Vorwort. Bei der Masse an Fallbüchern wirst du auf jeden Fall fündig werden.

– Unter den *Repetitoren* ist mittlerweile ein derartiger Konkurrenzkampf um Studierende entbrannt, dass diese Häuser zu Werbezwecken *kostenlose Seminare zur Vorbereitung auf die Großen Übungen anbieten.* Dabei wird kurz vor der Klausur der wichtigste Stoff zusammengefasst. Du erhältst zudem gute Lernunterlagen und bereits einen Eindruck deiner potenziellen späteren Repetitoren. Diese Veranstaltungen solltest du unbedingt im Blick behalten und kannst den verschiedenen Repetitorien dazu etwa auf Facebook folgen.

VI. Examensvorbereitung und Examen

Zuerst ein wirklich ernst gemeinter Glückwunsch! Du hast dich bis hierher durchgekämpft, einen der anspruchsvollsten deutschen Studiengänge niedergerungen und bist endlich „scheinfrei".

Die nächsten Wochen und Tage darfst du dich ruhig mal feiern und mit Blick auf deine bisherigen Leistungen stolz sein – aber nur bis zum Beginn deiner Examensvorbereitung. Dann wirst du dich in dein Zimmer einschließen, bist mindestens das nächste Jahr sozial isoliert und hast kein Leben mehr.

Natürlich ist das Quatsch, aber auf diese Idee könnte tatsächlich kommen, wer mit Kommilitonen über die kommende Examensvorbereitung spricht oder sich im Internet darüber „schlau" macht. Man kommt ja gar nicht an Schauergeschichten über das Examen vorbei.

Schon in unserer Einleitung haben wir die Angst und die besondere psychische Situation vieler Studenten während der Examenszeit thematisiert. Es war uns sehr wichtig, mit einer rational geführten Auseinandersetzung um die Notwendigkeit des „Vollbefriedigend" zu beginnen, um schon zum Start deines Studiums ein sachliches und daraus abgeleitetes zuversichtliches Mindset bei dir zu erzeugen. Jeder Mensch hat Prüfungsangst. Wie wir mit diesem Druck umgehen und was er mit uns macht, das ist entscheidend – und das können wir entscheiden!

„Das erste Staatsexamen ist eine tolle Leistung und ein Grund zum Feiern. Mit Blick auf das Referendariat und das zweite Staatsexamen ist damit allerdings nichts gewonnen, außer einer Note auf einem Stück Papier. Jetzt geht es erst richtig los". Mit ähnlichen Worten relativierte der Festredner auf unserer Absolventenfeier die bisherigen Leistungen des ersten Staatsexamens. 1 ½ Jahre beinharte Arbeit und dementsprechend überschwängliche Freude nach der Examenszeit – und dann sowas. Danke für nichts! Es ist jawohl klar, dass wir da eine andere Meinung zu haben.

Am Ende ist vielleicht *alles eine Frage der Perspektive*. Das können wir dir im Rückblick auf das erste Staatsexamen mit auf den Weg geben. Könnte man die Abi-Prüfungen nochmal wiederholen, wie viel besser würde man es heute machen? Wie einfach vieles aus heutiger Sicht war.

Vielleicht kann man den Examensdruck ganz gut mit der Anspannung und den unruhigen Nächten kurz vor den Abi-Klausuren vergleichen, auch wenn die Vorbereitungszeit aufs Examen natürlich um einiges länger ist. Rückblickend und mit einigen Monaten Abstand war es dann aber doch nicht ganz so schlimm. Und wer weiß, vielleicht treibt dir in ein paar Jahren ein hochkomplexes Mandat unter Fristablauf – mit einem Streitwert in Millionenhöhe – den Angstschweiß auf die Stirn. Wie gerne würdest du jetzt nochmal Examen machen, nur für dich verantwortlich sein und nicht für einen Mandanten, für den es gerade um alles geht.

Mit unserer geistigen Entwicklung steigt stets der Schwierigkeitsgrad der Aufgaben, die wir uns immer wieder selbst auferlegen. Würdest du heute tatsächlich dein Abi nochmal wiederholen? Ist das überhaupt noch reizvoll? Für uns ist es das nicht. Am Ende geht es doch nicht darum, welche Note auf dem Papier steht. Wer den Kopf oben hat, für den sind in der Zwischenzeit schon wieder so viele neue Türen und Möglichkeiten aufgegangen.

> **ZEIT Campus:** *„Welche Kanzlei stellt schon Anwälte mit vier Punkten ein?"*
>
> **Fischer:** *„Vielleicht keine der Großkanzleien in Hamburg oder Frankfurt, aber woanders hat man durchaus eine Chance. Denn wer das Studium schafft, hat einen schönen Erfolg errungen. Er hat das Handwerkszeug erlernt, das es ihm ermöglicht, die Welt zu verstehen und zu gestalten. Ob man dabei erfolgreich wird oder nicht: Das hat wenig mit der Note zu tun. Erst nach dem Examen zeigt sich, ob man für den Beruf geeignet ist."*

Ausschnitt eines Interviews der Zeit Campus mit dem ehemaligen BGH-Richter Thomas Fischer. [47]

Die Schwierigkeit – und der größte Unterschied zwischen Abi und Examen – liegt in der unglaublichen Stoffmenge, die innerhalb der kurzen Klausurenphase abgerufen werden muss. Das Wissen von mindestens vier Jahren Studium muss in zwei Prüfungswochen angewendet werden können – ein praxisfernes Unterfangen.

Anders als etwa bei den Medizinstudenten, die ebenfalls eine enorme Stoffmenge beherrschen müssen, kann das notwendige Prüfungswissen nicht in mehrere Klausurblöcke aufgeteilt werden. Nur in NRW und Niedersachen ist es derzeit möglich, unter bestimmten Bedingungen die Klausuren abzuschichten, d.h. die einzelnen Rechtsgebiete voneinander zu trennen und Klausuren zu unterschiedlichen Zeitpunkten zu schreiben. In einem Studium, bei dem der Stresslevel sowieso schon sehr hoch ist, verschafft das wenigstens etwas Erholung.

---

[47] *Fischer*, in „Jura ist leicht" im Interview mit der Zeit Campus Nr. 6/2014, abrufbar unter: www.zeit.de/campus/2014/06/thomas-fischer-jurastudium-vorurteile-auswendig-lernen/komplettansicht.

Obwohl diese Option noch gar nicht so lange besteht, wird bereits eine erneute Änderung diskutiert. Für die Koordinierung einer einheitlichen Juristenausbildung treiben die Justizministerinnen und Justizminister der einzelnen Bundesländer die Abschaffung des Abschichtens voran.[48].

Zu den genauen Vor- und Nachteilen von „Abschichten" und „Freischuss" und über das „Wie" und „Wo" der Vorbereitung werden wir dich in diesem Kapitel unter konkreten Hilfestellungen beraten.

Die Beantwortung einiger dieser Fragen hängt jedoch vom Studienort, insbesondere von dir selbst, teilweise auch von deiner finanziellen Lage ab. Entscheidungen und harte Arbeit können wir dir nicht abnehmen. Wir wollen dich bei deiner optimalen Examensvorbereitung aber so gut es geht unterstützen. Einen einzigen gangbaren Weg gibt es dabei nicht. Wichtig ist nur, dass du den von dir – unter Abwägung der Für und Wider – gewählten Weg zum Examen konsequent durchziehst und dich auch durch zwischenzeitliche Verunsicherungen nicht abbringen lässt.

1. Freischuss

Der Freischuss (auch Freiversuch) gibt dir die Möglichkeit, einen zusätzlichen Versuch zum Examen anzutreten. Dieser gilt im Falle des Nichtbestehens als nicht unternommen, im Falle des Bestehens gibt er dir die Option der Notenverbesserung. Du kannst also zu drei regulären Versuchen antreten, wobei ein erfolgreicher Freischuss nur noch die einmalige Möglichkeit der Notenverbesserung vorsieht.

Voraussetzung zum Freischuss ist jedoch ein Studium innerhalb der Regelstudienzeit (sprich innerhalb von neun Semestern). Wann genau die letzte Examensklausur geschrieben werden muss und wie die Anmeldung abläuft, hängt vom jeweiligen Bundesland ab. Diese Einzelheiten solltest du genau recherchieren.

Dieser Anreiz eines zusätzlichen Versuchs führt zu einem regelrechten „Run" der Studierenden auf den Freischuss. So ist seit Einführung der sog. „Freiversuchsregelung" die durchschnittliche Studiendauer von zwölf auf zehn Semester gesunken.[49] Viele Studierende „nehmen den Freischuss einfach mit" und melden sich bereits zu einem Zeitpunkt zum Examen an, an dem sie sich noch gar nicht „examensreif"

---

48 www.iurratio.de/abschaffung-des-abschichtens-in-nrw/.

49 www.uni-muenster.de/ZSB/material/m573_1.htm.

fühlen. Die Verkürzung der durchschnittlichen Studienzeit zeigt das deutlich.

Einige Kandidaten gehen selbst ohne optimale Vorbereitung in ihre Examensklausuren. „Kostet ja nichts". Tatsächlich kann es aber eine Menge kosten. Auch eine nur halbgare Examensvorbereitung zerrt stark an den Nerven. Sich ein zweites Mal unter dem Eindruck des Misserfolgs hinzusetzen und zu lernen, kostet erneut ein hohes Maß an Konzentration, Fleiß und viel gute Laune. Viel besser scheint es uns, sich einmal, dafür aber vernünftig, auf das Examen vorzubereiten. Von einem vorschnellen und übereilten Examensversuch raten wir ab.

Bei uns war es so, dass wir den Freischuss gerne mitnehmen wollten, weil wir in der Kürze des Studiums den Vorteil der Stoffpräsenz gesehen haben. Darauf haben wir im Studium hingearbeitet und unsere Semester vorausschauend geplant.

2. Abschichten

Während die Examensklausuren in den allermeisten Bundesländern innerhalb von zwei Wochen geschrieben werden müssen, können die Klausuren in einigen Bundesländern (NRW und Niedersachsen) während innerhalb des Freischusses, auf mehrere Zeiträume aufgeteilt werden.

Konkret kannst du durch das Abschichten etwa die Zivilrechtsklausuren im Examen getrennt von den übrigen Klausuren schreiben und dich beim Lernen auf weniger Rechtsgebiete konzentrieren. Halbiertes Lernen, halbierter Stress.

Vorteile	Nachteile
Aufteilung der Rechtsgebiete und des Lernstoffs	Nur innerhalb des Freischusses möglich
Dadurch gezieltere Vorbereitung möglich	Der zuerst geschriebene Stoff muss für die mündliche Prüfung erneut erarbeitet werden
Weniger Stress in der Vorbereitung	Zwei Klausurenblöcke können doppelte Prüfungsangst bedeuten
Nicht sechs Klausuren in zehn Tagen	Examensklausur kann andere Rechtsbereiche streifen

Vor- und Nachteile des abgeschichteten Examens

Wir können dir nur empfehlen, dass du – wenn das Juristenausbildungsgesetz deines Bundeslandes dies zulässt – von der *Möglichkeit des Abschichtens Gebrauch machst.*

Natürlich kann es sein, dass eine Examensklausur nicht zwangsläufig reines Zivilrecht behandelt, sondern auch das Strafrecht oder das Öffentliche Recht streift, auf das du dann weniger vorbereitet bist. Allerdings handelt es sich dabei niemals um den Schwerpunkt der Klausur, sondern beispielsweise eher um die Prüfung des § 823 Abs. 2 BGB i.V.m. § 263 StGB, wozu in der Regel noch dein Grundverständnis der großen Übungen oder aus der umfangreichen Zwischenprüfung reichen sollte.

Durch das Abschichten kannst du dich viel tiefgreifender und detaillierter mit dem jeweiligen Rechtsgebiet beschäftigen. Insgesamt wirst du durch diese Reduzierung des Stoffs viel ausgeglichener, motivierter sein und wirst allein dadurch die Examensvorbereitung als weniger stressig empfinden. Dafür musst du dich nach sechs Monaten ein zweites Mal deiner Prüfungsangst stellen, wohingegen andere Kandidaten die Sache geschlossen hinter sich gebracht haben. Beim zweiten Durchgang fühlt man sich jedoch bereits viel wohler und ist etwas gelassener, weil man das ganze Prozedere schon kennt und sich bereits eine gewisse Routine eingespielt hat.

> Mit nur der Hälfte des Stoffs wird es für dich vergleichsweise einfach, den Stoff auf- und nachzuarbeiten sowie nebenbei regelmäßig auch ein, zwei – zu Spitzenzeiten sogar drei – Probeklausuren pro Woche zu schreiben.

3. Examensvorbereitung – mit oder ohne Repetitor? Wieso nicht beides?

Die Vorbereitung auf die Examensklausuren nimmt regelmäßig ein bis eineinhalb Jahre in Anspruch. Innerhalb dieses Zeitraums kann erfahrungsgemäß das maximale Examenswissen zusammengetragen werden. Danach steigt jedoch der Wissensabfluss durch Vergessen stärker, als dass neues Wissen erworben und durch regelmäßige Wiederholungen aufrechterhalten werden kann. Mühsam erworbenes Detailwissen baut sich jetzt immer weiter ab. Deine Examensvorbereitung sollte deshalb auf einen Zeitraum von maximal eineinhalb Jahren angelegt sein.

Innerhalb dieser Zeitspanne musst du alle prüfungsrelevanten Rechtsgebiete systematisch aufgearbeitet und eine gewisse schriftliche

Routine durch Probeklausuren erworben haben. Die Klausurfälle sind unglaublich umfangreich und anfangs kaum zu lösen. Entsprechend schlecht werden auch die ersten Noten sein, die du zurückbekommst. Der Unterschied zwischen Hauptstudium und Examen ist gewaltig. Gerade deshalb ist es wichtig, *so früh wie möglich mit dem Klausurenschreiben anzufangen.* Dadurch erreichst du die schnellsten Lernfortschritte, weil Wissensdefizite aufgedeckt und neuer Stoff „durch den Stift ins Gehirn" gearbeitet wird. Zudem bekommst du überhaupt ein Gefühl für die begrenzte Lösungszeit.

Die Benotung dieser Übungsklausuren spielt gerade zu Beginn keine Rolle, sie wird mit der Zeit von alleine besser werden. Hilfsmittel (wie Prüfungsschemata) können am Anfang zur Klausurlösung hinzugezogen werden, um die Hürde des Klausurenschreibens zu überwinden. Wichtig ist, dass eine Lösung trotzdem immer gedanklich durchgearbeitet und nicht einfach von verschiedenen Falllösungen übernommen wird.

> Erst nach ca. 20 Klausuren pro Rechtsgebiet stellt sich überhaupt eine gewisse Routine ein. Erst danach fällt die Klausurlösung immer leichter, weshalb du mindestens 20 weitere Klausuren pro Gebiet schreiben solltest. Es gibt jedoch auch Studierende, die mit insgesamt 20 geschriebenen Klausuren gut durch ihr Examen gekommen sind. Wichtig ist, dass du die Klausuren mit Verstand löst und nicht einfach lustlos runterschreibst. Als ungefähren Richtwert solltest du mindestens 20 Klausuren pro Rechtsgebiet anpeilen.

Für die genaue Planung dieser „heißen Phase" stehen mit dem kommerziellen Repetitorium (möglich sind seit ein paar Jahren sogar reine Online-Repetitoren), dem „Uni-Rep" der privaten Arbeitsgemeinschaft oder dem Individualunterricht ganz unterschiedliche Angebote zur Auswahl. Aus unserer damaligen 5er-Clique hat am Ende jeder seinen eigenen Examensweg gehabt. Auch dich können wir nur ermutigen, durch Abwägung von Vor- und Nachteilen deine ganz individuelle Examensvorbereitung zu gestalten.

Zwar entscheiden sich am Ende die meisten Studierenden klassisch für den Besuch eines privaten Repetitoriums, zuvor solltest du jedoch viele Eindrücke sammeln und Vergleiche ziehen.

Weil wir gerne abschichten wollten und dies mit dem Repetitorium unserer Universität leider nicht vereinbar war, fiel uns die Entscheidung am Ende nicht allzu schwer. Den Besuch beim Repetitor haben wir jedoch mit Vorteilen anderer Ansätze kombiniert, um eine für uns optimale Examensvorbereitung zu schaffen. Einzelne Vorlesungen des Uni-Reps (starker Professor) haben wir ebenso genutzt, wie den universitären Examensklausurenkurs oder den vereinzelten Diskurs in kleiner Lerngruppe.

Zum Ende der Vorbereitung können kostenlose Zusammenfassungen über verschiedene Online-Repetitoren beim letzten Feinschliff helfen. Wenn du jedoch merkst, dass dein Lernerfolg stagniert, die Zeit bis zum Examen aber knapp wird, könnten auch eine Handvoll Individualstunden bei einem der privaten Repetitorien angebracht sein.

Teilweise kann man erst durch die engmaschige Korrektur im Vier-Augen-Gespräch seine Fehler einsehen und die Sichtweise des Korrektors verstehen. Am Ende dieser sehr produktiven Gespräche weißt du genau, was du in den Klausuren bringen musst, was der Korrektor hören will und kannst deshalb auch bei Klausurabgabe im Examen besser einschätzen, dass du die notwendigen Punkte zusammen haben solltest – ein wirklich beruhigendes Gefühl!

Mach dir eingehende Gedanken über die Wahl der Examensvorbereitung. Zwischenzeitliche Zweifel konnten uns auch deshalb nicht erschüttern, weil wir unsere Entscheidung im Vorfeld sehr gründlich getroffen haben. Schnupper in jedes Angebot rein und sprich mit Freunden und Familie über die Angelegenheit.

a) Kommerzielles Repetitorium

In den kommerziellen Repetitorien wird im Vergleich zur Universität in kleineren Gruppen gelernt. Dadurch verhelfen sie dir in der Regel zu einem besseren Lernerfolg, da auf deine individuellen Bedürfnisse durch die Dozenten eingegangen wird. Eine Scheu vor „doofen Fragen“, die man einem Professor niemals stellen würde, gibt es daher nicht.

Eine wissenschaftliche, tiefgehende und akademische Auseinandersetzung, wie in den Vorlesungen mit den Professoren, bezüglich auch zum Teil abstrakten Rechtsfragen, wird im Repetitorium nicht vorgenommen. Vielmehr wird schwerpunktmäßig darauf geachtet, dass du zu einer guten und möglichst schnell vertretbaren Lösung – meistens anhand der jeweiligen herrschenden Meinung – bei der Klausurbearbeitung kommen kannst.

Insgesamt werben die privaten Repetitorien mit einem „Rundum-Sorglos-Paket“: Es gibt viele zusätzliche Materialien wie Übersichten, Zeitschriften, Auswertungen der aktuell examensrelevanten Rechtsprechung, teilweise auch ganze Skripte sowie einen eigenen Klausurenkurs. Auch das abgeschichtete Lernen ist unproblematisch möglich.

Dabei unterscheiden sich die bundesweiten kommerziellen Repetitorien bei der Vermittlung des Lernstoffes grundsätzlich nicht. Dies wird daran deutlich, dass alle Repetitorien erfolgreiche Juristen hervorgebracht haben. Unterschiede bestehen allerdings hinsichtlich der Organisation der Veranstaltungen sowie ihren jeweiligen juristischen Angeboten. Zusätzliche Crash-Kurse und ein Training für die mündliche Prüfung werden – in vielen Fällen für zusätzliches Geld – kurz vor dem Examen angeboten.

Es hängt dann von deinem individuellen Wesen ab, welches private Repetitorium dir zusagt. Vor deiner endgültigen Anmeldung solltest du die verschiedenen Anbieter mehrmals Probehören, bevor du dir ein endgültiges Urteil über die Lerngegebenheiten vor Ort und die Dozenten bildest. Wichtig bleibt jedoch, dass du die vermittelten Inhalte dort verstehst und reproduzieren kannst.

Weil immer mehr Studierende schon im sechsten Semester mit der Examensvorbereitung beginnen, liefern die Repetitorien allerdings längst keine „Wiederholung" des prüfungsrelevanten Examensstoffs mehr. Vielmehr vermitteln sie nicht wenigen Teilnehmern überhaupt zum ersten Mal juristische Grundkenntnisse und notwendige Basics, um das Examen überhaupt zu bestehen.

Anzumerken ist, dass sich der Unterricht der Repetitoren an der neusten Rechtsprechung – teilweise den Examensfällen von morgen – orientiert. In der Hoffnung auf einen „Volltreffer" werden die Teilnehmer dadurch geradezu verleitet, die ausgeteilten Falllösungen in Gänze auswendig zu lernen.

Durch den Besuch des Repetitoriums darfst du dich allerdings *auf keinen Fall* dazu hinreißen lassen, dort *fertig aufbereitetes Wissen nur stumpf auswendig zu lernen*. Kleine Abwandlungen eines vermeintlich aus dem Kurs bekannten Falles führen im Examen sonst zum Scheitern, wenn dessen Feinheiten nicht erkannt werden. Mit der Kursteilnahme allein ist die Vorbereitung aufs Examen somit nicht getan.

Eine vergleichsweise günstige Alternative zu den bekannten, analogen Repetitoren können *Online-Repetitoren* sein. Anbieter wie etwa *Jura Online, juracademy* oder *Jurakurs* liegen mit ihren Preisen – je nachdem, ob man die monatlich kündbare Version wählt oder sich für ein komplettes Jahr vertraglich bindet – mitunter bei nur knapp 1/3 der Kosten herkömmlicher Anbieter.

Die Videos – gerade von *Jura Online* – fanden wir sehr aufschlussreich und so gut, dass keine thematischen Fragen offenblieben.

In Kombination mit einer privaten Arbeitsgemeinschaft, die den inneren Schweinehund schachmatt setzt, und dem Uni-Klausurenkurs halten wir sie für eine richtig starke Alternative. Ein Teil des so gesparten Geldes könnte dann sogar für ein gezieltes Individualtraining genutzt werden.

Kommerzielles Repetitorium	
Vorteile	**Nachteile**
Rücksicht auf individuelles Wissensniveau	Hohe Kosten
Geduldige Repetitoren	Keine wissenschaftliche Auseinandersetzung
Abgeschichtetes Lernen möglich	Fokus liegt auf einzelnen „Examensklassikern“

b) Universitäres Repetitorium

Die Teilnahme am Universitätsrepetitorium ist in den Semestergebühren enthalten und für Studierende daher kostenlos. Der Stoff ist dabei grundsätzlich auf ein Jahr verteilt, weshalb sich die Möglichkeit zum Abschichten in der Regel nicht ergibt. So müssten alle Examensklausuren in einem Durchgang geschrieben werden.

Der Unterricht wird überwiegend von den bereits bekannten Professoren aus der Studienzeit abgehalten, dadurch ergibt sich ein stärkerer wissenschaftlicher Einschlag. Das muss kein Nachteil sein, sind es doch nicht selten Professoren, die den Sachverhalt der Examensklausur entwerfen. Auch für eine spätere Tätigkeit am Lehrstuhl lassen sich hier Synergieeffekte nutzen, wenn man denn mit juristischem Wissen brillieren kann.

Eher weniger Lust haben die Professoren allerdings an der Vermittlung von Grundlagenwissen, welches vielmehr als bekannt vorausgesetzt wird. Das wissenschaftlich wenig anspruchsvolle Repetieren des examensrelevanten Stoffs löst nicht bei jedem Professor (die notwendige) Begeisterung aus.

Teilweise wirken einzelne Veranstaltungen nicht gut aufeinander abgestimmt. Auch vom Material können Uni-Repetitorien bisher nicht mit den kommerziellen Repetitoren mithalten. Regelmäßig wird allein die Falllösung zur Nacharbeit zur Verfügung gestellt. Zwar bieten mittlerweile alle Universitäten spezielle Angebote zur Examensvorbereitung an und füllen damit die Lücke zwischen universitärer Ausbildung und notwendigem Examenswissen. Man merkt diesen Lehrangeboten aber heute noch den einst sehr stiefmütterlichen Umgang mit der Examensvorbereitung ihrer Studierenden an.

Auch heute muss der Besucher des universitären Repetitoriums eine *gesteigerte Eigenverantwortung* an den Tag legen. Das und der damit einhergehende Besuch dieser Angebote von regelmäßig leistungsstärkeren Examenskandidaten spiegelt sich in oft guten Noten wider.

Uni- Repetitorium	
Vorteile	**Nachteile**
Kostenlos	Abgeschichtetes Lernen ist nicht immer möglich
Professorennähe	Wenig Materialien
Wissenschaftlich	Grundwissen wird vorausgesetzt

c) Private Arbeitsgemeinschaft

Eine weitere Möglichkeit zur Examensvorbereitung ist die Bildung einer kleinen Arbeitsgemeinschaft mit begrenzter Teilnehmerzahl.

Damit die Gruppe nicht zum Kaffeekränzchen wird, sollte sie sich *im Vorfeld klare Regeln für die gemeinsame Arbeit unterwerfen,* die bedingungslos und über den gesamten Vorbereitungszeitraum einzuhalten sind (Pünktlichkeit, Zuverlässigkeit, Abgabefristen und Arbeitspensum ihrer Mitglieder). Dann aber bietet sie enorme Vorteile.

Der direkte Austausch unter den Mitgliedern stellt nicht nur ein hohes Maß an Beteiligung sicher, sondern deckt schonungslos und direkt eigene Wissenslücken auf. Die Aufteilung von Themen auf mehrere Köpfe spart dem Einzelnen nicht nur enorme Zeit, sondern führt in der Verantwortung, den zugewiesenen Teilbereich auch für andere erarbeiten zu müssen, zu einem Maximum an Motivation und Bearbeitungstiefe. Wer seinem Gegenüber Fragen verständlich und sinnvoll beantworten kann, lernt selbst nochmal mit und verfestigt sein Wissen. Neben der juristischen Diskussion können auch Fälle gelöst, besprochen und gegenseitig korrigiert werden.

Für die weitere Planung solcher Arbeitsgemeinschaften und die Organisation des Lernstoffs geben viele Ratgeber mittlerweile hervorragende Hilfestellungen und bieten zudem Hinweise zum effektiven Lernen. Ausgewählte Ratgeber stellen wir am Ende dieses Kapitels *in unseren Tipps vor.*

In dieser Funktion kann die private Arbeitsgemeinschaft gut neben den Besuch eines herkömmlichen Repetitoriums, aber auch vollständig an dessen Stelle treten. Bei Letzterem spiegeln sich das hohe Maß an Eigenverantwortung, die enorme Transparenz und die intensive Form der Wissenserarbeitung erfahrungsgemäß in überdurchschnittlich guten Examensnoten wider.

Wir haben im Freundeskreis damals auch kurz über eine private Arbeitsgemeinschaft nachgedacht, wählten dann allerdings so unterschiedliche Examens-Zeitpunkte, dass eine gemeinsame Vorbereitung undenkbar wurde. Ob dein Freundeskreis die harte und lange Vorbereitung übersteht oder du dich lieber nur zum gemeinsamen Ausspannen nach einer harten Einheit triffst, musst du für dich entscheiden.

4. Mit der Examensangst umgehen

In der langen Zeit der Vorbereitung sind einzelne Phasen, in denen man einen Durchhänger hat, *völlig normal.* Schaffst du einige Tage mal weniger als gewollt, sollte dich das nicht großartig ärgern und unter Druck setzen. Niemand kann über ein Jahr lang seine Konzentration bei konstant 100 % halten.

Es liegt jedoch in deiner Hand, die Voraussetzungen für eine optimale Aufnahmefähigkeit zu schaffen. Dazu ist es wichtig, seine *körperlichen Ressourcen bestmöglich zu schonen*, d.h. auf *ausreichend Schlaf, gesundes Essen und regelmäßige Bewegung* zu achten. So hältst du dich zumindest gesund und fit.

Die große Kunst, um mit dem psychischen Druck und der hohen Arbeitsbelastung während der Examensvorbereitung umzugehen, liegt dann tatsächlich darin, auf seine eigenen Stärken zu vertrauen und einfach auch mal „Fünfe gerade sein lassen".

Natürlich ist das nichts, was sich per Fingerschnipsen einstellt. Aber es sollte zu deiner inneren Einstellung und Grundüberzeugung werden. Das ist wichtig, um auch wirklich mal abschalten zu können.

Denn es wird immer noch einen weiteren Fall zu lösen, immer noch einen weiteren Fachartikel oder ein weiteres Kapitel zu lesen geben. Niemals wirst du dich 100 %ig „examensreif" fühlen. Deshalb möchten wir dir auch den Rat geben, die Examensklausuren nach der Anmeldung nicht nochmal zu verschieben.

Auf die lange, ungemütliche und zähe Examensvorbereitung und den damit verbundenen Stress sind wir schlicht und einfach nicht vorbereitet. Niemals zuvor sind wir einer solch langen Belastungsphase ausgesetzt gewesen. Niemand hat uns beigebracht, wie wir auf diesen Stress reagieren sollen und – viel wichtiger – wie wir ihn bewältigen können. Wichtig ist jedoch, dass wir diesen frühzeitig erkennen, wie ein Gutachten über den psychischen Druck im Jurastudium herausfand.[50]

In unserem Alltag haben wir üblicherweise permanent die Möglichkeit, zwischen vielen verschiedenen Angeboten auszuwählen. Dienste wie Amazon, Netflix, WhatsApp & Co. befriedigen viele unsere Bedürfnisse auf der Stelle. Wir bekommen alles sofort – außer das Examen. Dass aber Dinge, die wirklich eine Bedeutung haben, ihre Zeit brauchen, das müssen wir uns erst (wieder) bewusst machen.

Das zu verinnerlichen erfordert Zeit. Das dafür notwendige Mindset musst du dir selbst beibringen. Als Sofort-Hilfe können wir dir nur nochmal sagen: *Vertrau auf deine eigene Stärke und bau auf ein solides Grundlagenwissen.* Dieser Focus auf grundlegende Dinge, dieses Vertrauen in die eigene Stärke, werden dir helfen und dich von unnötigem Ballast befreien.

Wir waren richtig baff, als wir in unseren Examensklausuren merken mussten, dass die Klausuren allein auf Grundlage juristischer Basics lösbar waren.

Bei der Vorbereitung auf die Klausuren solltest du deshalb nicht bzw. nur begrenzt auf Spezialwissen setzen. Nicht die Kenntnis der krassesten Probleme und die zehnte Mindermeinung sind für ein gutes Examen maßgeblich. Die x-te Spezialmeinung haben wir uns einfach nicht mehr angeschaut. Entweder kannst du sie dir in der Klausur selbst herleiten oder halt nicht. Von Examenskandidaten kann nicht erwartet werden, jedes Problem zu kennen und weil das so ist, kann gar nicht alles abgeprüft werden – und wird es auch nicht.

In § 16 Abs. 4 NJAVO heißt es zum Umfang des Prüfungsstoffs der Pflichtfachprüfung: „Andere als die in den Absätzen 1 bis 3 bezeichneten Teile des Rechts dürfen nur insoweit zum Gegenstand der Prüfung gemacht werden, als festgestellt werden soll, ob der Prüfling das Recht mit Verständnis erfassen und anwenden kann und mit den rechtswissenschaftlichen Methoden vertraut ist.“[51]

Wir wissen, das ist schwer zu glauben. Wir konnten uns damals selbst nicht auf solche beschwichtigenden Informationen einlassen. Es gibt allerdings eine super Gelegenheit, die dir schon vor deinen schrift-

---

[50] http://bundesfachschaft.de/wp-content/uploads/2018/05/gutachten-psychischer-druck-bufata18.pdf.

[51] Vergleichbare Vorschriften finden sich in allen Gesetzen bzw. Verordnungen über die Ausbildung der Juristen, vgl. etwa § 8 Abs. 4, 5 JAPrO (Baden-Württemberg).

lichen Klausuren vor Augen führt, auf was genau es im Examen ankommt: Der Besuch einer mündlichen Examensprüfung. Denn diese Prüfung findet nicht nur auf Examensniveau statt, sondern wird teilweise auch von den Prüfern gehalten, die die schriftlichen Examensklausuren entwerfen. Hier siehst du genau, worauf es den Prüfern ankommt.

Als Examenskandidat steht dir der Besuch einer mündlichen Prüfung offen. Teilweise kannst du sogar mehrere dieser Termine besuchen. Alles, was du dazu tun musst, ist, dass du dich bei der Prüfungsbehörde anmeldest.

Sollte der Druck trotzdem zu groß werden, sprich mit deinen nächsten Verwandten und Freunden über deine Probleme und Ängste. Uns haben diese Entlastungsgespräche sehr gutgetan. Wir sind in sie immer mit dem Anspruch einer konkreten Problemlösung gegangen und haben uns Ratschläge verschiedener Leute geholt. Das hat ausgereicht, um wieder konzentriert zu arbeiten.

„Ich kann es gar nicht mehr abwarten, bis ich meine Examensklausuren geschrieben habe. Dann kann ich all die Dinge tun, die ich sowieso die ganze Zeit schon mache, nur endlich ohne Schuldgefühle.“ – Vorschlag: Du verzichtest gleich auf die Schuldgefühle.

Gegen die Examensangst kann helfen, sich die Gewichtung der einzelnen Prüfungsleistungen und ihren Einfluss auf die spätere Gesamtnote einmal klar vor Augen zu führen. Durch die *mündliche Prüfung*, in der die allermeisten Kandidaten viel bessere Punkte einfahren, können schlechtere schriftliche Leistungen korrigiert werden. In allen Bundesländern macht der mündliche Teil immerhin knapp 1/3 der staatlichen Gesamtnote aus. Auch der Schwerpunkt kann deinen Schnitt weiter verbessern.

Art und Gewichtung der staatlichen Pflichtfachprüfung:

Land	Prüfung	Gewichtung
Baden-Württemberg	6 Klausuren mündliche Prüfung	70 % 30 %
Bayern	6 Klausuren mündliche Prüfung	75 % 30 %
Berlin	7 Klausuren mündliche Prüfung insgesamt davon Aktenvortrag Prüfungsgespräch	63 % 37 % 13 % 24 %

Brandenburg	7 Klausuren mündliche Prüfung insgesamt davon Aktenvortrag Prüfungsgespräch	63 % 37 % 13 % 24 %
Bremen	6 Klausuren mündliche Prüfung	2/3 1/3
Hamburg	6 Klausuren 10-minütiger Kurzvortrag und Prüfungsgespräch	75 % 25 %
Hessen	6 Klausuren mündliche Prüfung	2/3 1/3
Mecklenburg-Vorpommern	6 Klausuren mündliche Prüfung	70 % 30 %
Niedersachsen (nach NJAG 2003)	6 Klausuren mündliche Prüfung Vortrag	60 % 30 % 10 %
Niedersachsen (nach NJAG 2009)	6 Klausuren mündliche Prüfung	64 % 36 %
Nordrhein-Westfalen	6 Klausuren mündliche Prüfung Vortrag	60 % 30 % 10 %
Rheinland-Pfalz	6 Klausuren mündliche Prüfung	2/3 1/3
Saarland	6 Klausuren mündliche Prüfung	70,59 % 29,41 %
Sachsen	6 Klausuren mündliche Prüfung	2/3 1/3
Sachsen-Anhalt	6 Klausuren mündliche Prüfung	60 % 40 %
Schleswig-Holstein	6 Klausuren mündliche Prüfung	2/3 1/3
Thüringen	6 Klausuren mündliche Prüfung	65 % 35 %

Quelle: Bundesamt für Justiz, Juristenausbildung Stand 9.11.2017

Folgende Rechnung am Beispiel Baden-Württemberg soll das praktisch verdeutlichen:

Staatliche Pflichtfachprüfung: 5,88 Punkte
Schriftlicher Teil insgesamt: 29 Punkte (70 %) = 3,38
(z.B. 5, 4, 6, 6, 4, 4 Punkte)
Mündlicher Teil: 25 Punkte (30 %) = 2,5
(z.B. 9, 8, 8 Punkte)
Universitäre Schwerpunktprüfung: 12 Punkte
Studienarbeit: 12 Punkte (50 %)
Mündliche Prüfung: 12 Punkte (50 %)
Gesamtnote: 7,71 Punkte (5,88 x 70 % + 12 x 30 %)

Trotz schlechter schriftlicher Examensnoten kann der Schnitt der staatlichen Pflichtfachprüfung bereits durch eine ordentliche mündliche Prüfung um über zwei Punkte angehoben werden. Durch gute Leistungen im Schwerpunkt erhöht sich die Gesamtnote um weitere zwei Punkte. Schaffst du in den einzelnen Prüfungen noch ein paar Punkte mehr, kann schnell schon ein „VB“ drin sein.

5. Ablauf der schriftlichen Examensphase

Nach erfolgreicher Anmeldung zur Pflichtfachprüfung beim Landesjustizprüfungsamt erhältst du eine Ladung, auf der Ort, Zeit sowie zugelassene Hilfsmittel und der aktuelle Stand der Gesetze deiner schriftlichen Prüfung vermerkt sind.

Je nach Bundesland besteht die juristische Prüfung dabei aus sechs bis acht Klausuren, die sich thematisch auf die Rechtsgebiete Strafrecht, Zivilrecht und Öffentliches Recht mit einer Bearbeitungszeit von jeweils fünf Zeitstunden verteilen.

Zu den Klausurterminen wird dir vor Ort per Aushang ein Sitzplatz zugewiesen. Anschließend wird durch Vorlage und Abgleich deines Personalausweises eine Identitätskontrolle durchgeführt. Vor Beginn der Klausur werden die Gesetzestexte nach illegalen Hilfsmitteln oder unzulässiger Kommentierung durchforstet, anschließend werden die Personen alphabetisch aufgerufen und nach vorne gebeten, wo ein Polizeibeamter dich nach illegalen Hilfsmitteln durchsucht und mittels Metalldetektor abcheckt. Danach bekommst du einen Umschlag mit deiner Klausur und darfst dich wieder zu deinem Platz begeben.

In Bezug auf die Fallbearbeitung im Examen gilt, dass der Korrektor in diesem Abschnitt deiner juristischen Ausbildung bereits weiß, dass du den Gutachtenstil beherrschst und z.B. eine Körperverletzung nach § 223 StGB sauber aufbauen kannst. Jetzt geht es schwerpunktmäßig darum zu zeigen, dass du *auch knifflige Streitigkeiten oder Probleme der Klausur juristisch lösen kannst*. Darüber hinaus wird vor allem bewertet, ob die Klausurschwerpunkte richtig gesetzt worden sind. Das bedeutet, ob du *Unproblematisches kurz und richtig* abhandeln kannst und dafür an problematischen Stellen in deiner Prüfung über die Anwendung des Gutachtenstils zu einer juristisch vertretbaren Lösung gelangst.

Um die umfangreichen Sachverhalte auch zeitlich zu bewältigen, hilft dir der so genannte *verkürzte Gutachtenstil*. Diese Mischung aus Definition und Subsumtion spart nicht nur Zeit, sondern zeigt dem Korrektor auch, dass du dort keinen Problemschwerpunkt der Klausur siehst.

Beispiel des verkürzten Gutachtenstils: Der Schlag des A in das Gesicht des B stellt eine unangemessene Behandlung dar, die das körperliches Wohlbefinden des B nicht nur unerheblich beeinträchtigt.

So bleibt mehr Zeit für die Bearbeitung der *Schwerpunkte* – die du bereits meist schon *dadurch erkennst*, dass der *Sachverhalt* in Bezug auf die Darstellung einer Handlung oder einem Detail *viel ausgeprägter* dargestellt ist als an anderen Stellen.

Sofern du bei der Klausurarbeit in irgendeiner Weise *gestört wirst* (unerträgliche Temperaturen, Lärm oder Unterbrechungen jeglicher Art), solltest du das unbedingt *durch die Aufsichtsperson protokollieren lassen*. Verzichtest du auf dieses Vorgehen, kannst du Störungen nach Abgabe der Klausur nicht mehr geltend machen.

6. Tipps für die mündliche Prüfung

Hast du die ausreichende Anzahl an schriftlichen Notenpunkten erreicht, die sich wiederum von Bundesland zu Bundesland unterscheidet, erfolgt *etwa vier Monate später* die Ladung zur mündlichen Prüfung.

Auf dieser sind neben dem Prüfungstermin und dem Prüfungsort auch deine *drei Prüfer vermerkt*. Jetzt empfiehlt es sich, die über die Prüfer angefertigten Prüfungsprotokolle[52] zu Rate zu ziehen und dich

[52] Siehe Tipps zur Examensphase.

gezielt auf ihre „Lieblingsthemen" vorzubereiten. Dafür verbleiben dir in der Regel *nur zwei Wochen.*

Empfehlenswert ist es deshalb, *spätestens einen Monat nach den schriftlichen Klausuren* wieder in die Erarbeitung des allgemeinen Prüfungsstoffs einzusteigen und sich durch *mündliche Simulationen* auf diese neue Form der Prüfung vorzubereiten.

Am Tag der Prüfung ist ein förmlicher Dresscode gern gesehen. Um kein unnötiges Risiko einzugehen und der Verärgerung eines Prüfers zuvorzukommen, empfehlen wir dir, einen *Anzug/Blazer zu tragen.*

Der Prüfungstag beginnt in der Regel mit einem persönlichen *Vorgespräch mit dem Vorsitzenden der Prüfungskommission.* Ziel dieses Gesprächs ist es, deine Nervosität abzubauen. Hier solltest du dem Vorsitzenden *selbstbewusst und deutlich (!) klarmachen*, welches *Notenziel* du anstrebst, denn deine *schriftlichen Vornoten spielen jetzt keine Rolle*. Dazu gehört es, eine entsprechende Leidenschaft an den Tag zu legen und den Prüfer im Einzelfall sogar dazu aufzufordern, dich auf einen bestimmten Schnitt hin zu prüfen.

Anschließend starten die jeweils drei 45 bis 60-minütigen Prüfungsgespräche des Strafrechts, Zivilrechts und Öffentlichen Rechts, wobei pro Prüfling 12 Minuten Redeanteil eingeplant sind. Oft läuft die *Befragung entlang der Sitzreihenfolge.* Mit fortschreitender Zeit sind allerdings auch Sprünge möglich; gerade *zum abschließenden Ende werden einzelne Prüflinge verstärkt abgeprüft.* Das ist ein deutliches Zeichen dafür, dass es gerade um Punkte geht (Notensprung) – jetzt *richtig Attacke machen*, um für die anschließende Schlussberatung nochmal einen guten Eindruck zu hinterlassen.

Die Prüfung als solche hängt inhaltlich und strukturell nicht nur vom einzelnen Prüfer ab, sondern ist ein wahres Spiel des richtigen Taktierens zwischen der *Preisgabe von zu viel bzw. zu wenig Information* und der geschickten Reaktion auf *Mimik und Gestik der Prüfer.* Das flüssige Reden und schnelle Antworten auch bei anfänglicher Ahnungslosigkeit sollte ebenso eingeübt werden wie taktische Kniffe der Rhetorik.

Wer die Fragen der Prüfer versteht und erkennt, welche Absicht sie verfolgen und welche Richtung ein Prüfungsgespräch nimmt, kann sich früh positionieren und einen großen Einfluss auf den weiteren Ablauf und damit seine Benotung nehmen. Willst du z.B. unbedingt die Antwort auf eine bestimmte Frage abgeben, kannst du den Prüfer nicht nur durch *direkten Blickkontakt* auf dich aufmerksam machen, sondern auch dadurch, dass du dich *nach vorne lehnst.*

Um dieses Taktieren effektiv durchzuführen, musst du die ganze Prüfungszeit über auch die Gespräche deiner Mitprüflinge aufmerksam mitverfolgen und deine Konzentration entsprechend hochhalten. Das ist wirklich sehr anstrengend. Nach der Prüfung ist man total erschöpft. Unterstützen kannst du dich, indem du dir *erfolgreich abgeschlossene Tatbestandsmerkmale* auch der anderen Prüflinge *notierst*, um trotz zwischenzeitlicher Ausschweifungen des Prüfers oder der anderen Prüflinge den Faden nicht zu verlieren.

Vorschläge zur optimalen Vorbereitung auf die mündliche Prüfung findest du in den nachfolgenden *Tipps*.

7. Tipps zur Examensphase

– Schon durch die vielen fünfstündigen Probeklausuren ist deine Schreibhand während der Examensvorbereitung größeren Belastungen ausgesetzt als noch im Studium. Empfehlenswert ist es, dass du präventive Schutzmaßnahmen ergreifst. Es gibt enganliegende *Handgelenksbandagen*, die das Schreiben kaum bis gar nicht beeinflussen. Bereits nach ein paar Probeklausuren solltest du dich an sie gewöhnt haben. Auch spezielle *Dehnübungen für das Handgelenk* sind hilfreich.
– Ebenso wichtig sind *Stifte, die einen schnellen Schreibfluss ohne große Kraftanstrengung ermöglichen*. Hier solltest du einfach ein paar Modelle ausprobieren. Diesen Luxus solltest du dir auf jeden Fall gönnen.
– Sofern du dir vorstellen kannst, deine Examensvorbereitung ganz ohne Repetitor anzugehen, findest du verschiedene Ratgeber in der Literatur. Anleitungen dazu gibt es auch im Netz. Einfach googlen.
– Zusätzlich zu den Klausuren im Klausurenkurs haben wir in den letzten Monaten vor den Examensklausuren die Fallbücher *„Die Examensklausur"* von *Preis/Prütting/Sachs/Weigend* sowie *„Klausurenkurs im Strafrecht III"* von Beulke durchgearbeitet. In ihnen werden viele gängige Examensprobleme abgehandelt. Das sind allerdings nur persönliche Empfehlungen. Hier existiert natürliche eine Menge an Alternativen.
– Sollten die Noten deiner Probeklausuren auch nach einiger Zeit (bis zu 20 Klausuren pro Rechtsgebiet, bis du dich eingefunden hast) nicht besser werden, solltest du *unbedingt reagieren*. Augenscheinlich gibt es Probleme, die du nicht selbst abstellen kannst. Unter anderem kann dir in diesem Fall eine individuelle Klausurkorrektur helfen. Vielleicht erkennst du erst im persönlichen Gespräch, wenn dir deine Fehler direkt gespiegelt werden, was bisher falsch läuft. Dabei gibt es – auch finanziell – ganz unterschiedliche Möglichkeiten des Individualunterrichts: AG-Leiter, die Internetseite *campushelfer.de* oder die kommerziellen Repetitoren.

- Die Online-Zeitschrift LTO hat unter dem Namen *„Prüfungsseufzer“* eine Reihe von Artikeln veröffentlicht. Die darin genannten Klausurfehler sollte man im Examen vermeiden.
- Zur schnellen Stoffauffrischung der Nebengebiete kurz vor den Examensklausuren eignen sich die kostenlosen Videos der Online-Repetitoren.
- Die Hinweise auf aktuelle, interessante Rechtsprechung auf dem Instagram-Account „examensgerecht.de” sowie die aufgearbeitete Rechtsprechung auf der Internetseite www.examensgerecht.de können für den letzten Schliff in der Examensvorbereitung sehr hilfreich sein.
- Auch dürfte es lohnenswert sein, wenn du abends zur Abwechslung mal in einen Podcast von „Jura und die Welt da draußen”, „Jura to go” oder „Kurzerklärt – Der Jurapodcast” auf Spotify reinhörst.
- Zur Vorbereitung auf die mündliche Prüfung gibt es nur wenig Literatur. Ein Buch, mit dem wir gute Erfahrungen gemacht haben, ist *„Die mündliche Prüfung im ersten juristischen Staatsexamen – Zivilrechtliche Prüfungsgespräche“* von *Petersen.* Im Buch wird erklärt, warum der Prüfer bestimmte Fragen stellt und was genau er damit bezweckt. Daneben gibt es andere Bücher wie *„Basiswissen Jura für die mündliche Prüfung“* von *Pötters/Werkmeister* oder *„Prüfungswissen Jura für die mündliche Prüfung“* von *Kaiser/Bannach.*
- In jedem Fall solltest du *mehrere mündliche Prüfungssimulationen* durchgespielt haben. Bereits das laute Sprechen übt. Vielleicht hast du Freunde, die ihre mündliche Prüfung bereits hinter sich gebracht haben und eine Prüfung anhand ihrer Fälle simulieren können? Auch die Familie solltest du um Unterstützung bitten – sie kann z.B. mit dem Buch von Petersen ein zivilrechtliches Prüfungsgespräch simulieren. Ferner bieten auch kommerzielle Repetitorien eine Simulation der mündlichen Prüfung an (so z.B. Alpmann Schmidt).
- *Protokolle* der für deine mündliche Prüfung festgelegten Prüfer können dich über Lieblingsthemen deiner Prüfer informieren und Prüfschemata erkennen lassen. Manche Prüfer sind derart „protokollfest“, dass sie immer wieder dieselben Fälle bilden und dieselben Fragen stellen. Das *Repetitorium Alpmann Schmidt* bietet seinen Teilnehmern derartige Protokolle gegen Entrichtung eines Entgelts an. Ein alternativer Anbieter kann der *Fachschaftsrat an deiner Uni* sein, sofern eine entsprechende Protokollsammlung geführt wird. Kostenlose und schnellere Anbieter findest du im Internet.
- Auch wenn du das Staatsexamen zwei Mal nicht schaffen solltest, ist nicht alles verloren. Welche *Alternativen* es für Jura-Studierende gibt, sagt dir etwa www.staatsexamen-planb.de/.

VII. Schwerpunktstudium

Zur ersten juristischen Prüfung gehört neben der staatlichen Pflichtfachprüfung auch ein erfolgreich abgelegtes Schwerpunktstudium. Es umfasst regelmäßig zwei Semester.

In der Regel erhalten Studierende hier deutlich bessere Noten als im staatlichen Teil, wodurch du deine Gesamtpunktzahl teilweise massiv anheben kannst.. Dieser Umstand und die gravierenden Unterschiede im Benotungsmaßstab innerhalb einzelner Lehrstühle deiner Uni werfen einige Fragen auf. Sollte man seinen Schwerpunkt z.B. nach der Wahrscheinlichkeit einer guten Note auswählen oder lieber nach einem Bereich, der dich wirklich interessiert? Macht man den Schwerpunkt vor oder nach der staatlichen Prüfung?

Das Gerücht, dass der Schwerpunkt beim Kanzlei-Arbeitgeber später herausgerechnet wird, können wir nicht bestätigen. Allein wegen des dann noch kleineren Bewerberpools können sich das viele Kanzleien gar nicht erlauben. Tatsächlich haben die Personaler dort auch andere Dinge im Kopf, als die Statistiken der Schwerpunktprüfungen im Blick zu behalten. Die meisten Arbeitgeber haben zudem noch die sog. einstufige Juristenausbildung absolviert und kennen sich mit dem Schwerpunkt nicht wirklich aus. Jedenfalls im Staatsdienst darf der Schwerpunkt gar nicht herausgerechnet werden. Und wer weiß, vielleicht ist die gute Schwerpunktnote später das Einfallstor, wenn du dich doch für eine Dissertation begeistern kannst?[53] Schon allein wegen all dieser „Türöffner" solltest du diesen Teil der Ausbildung wirklich ernsthaft angehen.

1. Schwerpunkt – vor oder nach dem Examen?

Der Schwerpunkt kann in einigen Bundesländern sowohl vor als auch nach der staatlichen Pflichtfachprüfung belegt werden. Steht dir diese Wahl offen, musst du dir zwangsläufig Gedanken darüber machen, wann du mit dem Schwerpunkt beginnen willst.

---

[53] Siehe im Kapitel VIII. 4. Promotion – Dr.iur- ganz ohne „VB".

a) Schwerpunkt vor dem staatlichen Teil

Beginnst du den Schwerpunkt *vor* dem staatlichen Teil, wird es *schwierig bis fast unmöglich, den Freischuss* (s.o.) zeitlich zu schaffen. Weil du dich zudem zwei Semester schwerpunktmäßig mit ausgewählten Rechtsgebieten auseinandersetzt, ist die Wahrscheinlichkeit hoch, dass du *Wissen aus dem Hauptstudium*, also Stoff des Pflichtfachteils *vergisst* und nachträglich mühsam wieder erlernen musst. Von Vorteil ist dagegen, dass nach dem erfolgreichen Abschluss des staatlichen Pflichtfachteils auch *wirklich „Schluss"* ist und du nicht wieder zur Uni stiefeln musst. Die Examensprüfung schlaucht so sehr, dass viele Studierende danach keine Motivation mehr für den Schwerpunkt aufbringen können. Vielleicht tut es dir auch gut, mit der Gewissheit einer guten Note aus dem Schwerpunkt in die staatliche Prüfung zu gehen?

b) Schwerpunkt nach dem staatlichen Teil

Die Vor- und Nachteile des Schwerpunktes *nach* dem staatlichen Teil verhalten sich spiegelbildlich zum eben Gesagten. Der Freischuss kann verhältnismäßig leicht wahrgenommen werden, weil ganze zwei Semester Schwerpunktveranstaltungen eingespart werden können. Allerdings muss man nach dem „Kraftakt" Staatsexamen ohne größere Pause weitermachen. Nicht jeder hat noch die dafür nötigen Energiereserven, weshalb es zu einem Leistungsabfall kommen kann. Allerdings lässt sich der Schwerpunktstoff inhaltlich, nach vorangegangenem Pauken im Staatsexamen, viel leichter bewältigen und begreifen.

Aus eigener Erfahrung können wir sagen, dass das Lernen für den Schwerpunkt nach vorheriger Examensvorbereitung fast geschenkt ist. Man ist noch total darauf getrimmt, schnell und effektiv zu arbeiten, sodass man viel mehr freie Zeit hat. Verglichen mit den Examensklausuren sind die mündliche Prüfung und die Schwerpunktarbeit keine großen Hürden mehr. Nach der staatlichen Prüfung kann dich nichts mehr schrecken. Wenn du meinst, dass du dich auch nach dem Examen richtig motivieren kannst, solltest du das Examen nach unserer Meinung unbedingt vorziehen. Dann steht dir der Freischuss für den staatlichen Teil zur Verfügung. Das kann auch eine psychische Entlastung sein.

2. Wahl des Schwerpunkts

Bist du lang genug an deiner Uni, kennst du die Professoren und ihre Bewertungsmaßstäbe und sicher auch *Gerüchte von „leichteren" und „schwereren" Schwerpunkten.* Ob du dich für einen vermeintlich „leichten" Schwerpunkt entscheidest, um möglichst viele Punkte zu erreichen oder deinem tatsächlichen Interesse folgst, ist eine *Frage der*

Einstellung. Wir finden auch überhaupt nichts Verwerfliches daran, möglichst viele Punkte mitnehmen zu wollen. Mit Blick auf manche Karriereziele wäre anderes schön blöd. Insbesondere für den Staatsdienst zählt am Ende die Gesamtpunktzahl. Allerdings möchten wir dir Folgendes mit auf den Weg geben: Nach den ganzen allgemeinen Lehrinhalten ist der Schwerpunkt aus unserer Sicht vor allem dazu gedacht sich vertiefter mit einem Rechtsgebiet auseinanderzusetzen und auszutesten, ob man für diesen Bereich wirklich ein Faible entwickeln kann. Später im Berufsleben kostet es immer mehr Energie sich nochmal umzustellen und neben dem Daily Business neue Sachen draufzuschaufeln. Mit zunehmendem Abstand zum Studium nimmt die Bedeutung der Note auch immer mehr ab. Für den Rest deines Lebens macht dann der Spaß an der Arbeit einen Großteil deiner Lebensqualität aus. Wir würden daher dem Interesse den Vorzug geben. Man lebt nur einmal.

Broschüren der jeweiligen Schwerpunktveranstaltungen können dir ebenso bei deiner Entscheidung helfen wie der stichprobenartige Besuch einzelner Vorlesungen oder das Gespräch mit ehemaligen Schwerpunktstudenten. Für deine Entscheidung wollen wir dir noch auf den Weg geben, dass der Schwerpunkt eine gute Gelegenheit zur Spezialisierung sein kann. Dort, wo wirkliche Leidenschaft und tatsächliches Interesse am Lehrstoff bestehen, werden sich gute Noten von alleine einstellen.

3. Tipps vor dem Start der Schwerpunktarbeit

Anders als noch in den Hausarbeiten bekommst du für die Schwerpunktarbeit eine *konkrete* Fragestellung, die du ganz allein bearbeiten musst. Abstimmung und Vergleiche mit Kommilitonen sind so gut wie unmöglich. Sehr wahrscheinlich hast du von dem Thema auch noch nichts gehört und musst dich überhaupt erstmal einlesen.

Das sollte dir aber keine Sorgen machen. Der Titel deiner Arbeit entspringt ja nicht (allein) dem Kopf deines Profs. Der liest den ganzen Tag Literatur und ist über spannende Fragestellungen gestolpert, die er jetzt gerne durch seine Schwerpunktstudierenden weiter bearbeiten lässt. Oft bekommst du deshalb neben deinem Thema bereits auch ein, zwei Literaturverweise.

Darüber hinaus ist es hilfreich, wenn du dich im Internet darüber informierst, ob deine Universität einen **Leitfaden zur Anfertigung einer Schwerpunktarbeit** zur Verfügung stellt. Denn darin findest du weitere wichtige Hilfestellungen für die Anfertigung deiner Arbeit. Sollte die Suche negativ verlaufen, kannst du alternativ auf Bücher als Hilfe zurückgreifen. Die dortigen Informationen und die vorgegebenen

Literaturverweise schaffen somit klare Rahmenbedingungen und erleichtern dir damit den Einstieg in die Schwerpunktarbeit.

Deine Aufgabe besteht zunächst darin, die Literatur zu sichten, die mit deinem Thema zusammenhängt. Auf klare Schlagwörter spucken die Suchalgorithmen der jur. Datenbanken eindeutige Treffer aus. Einen Großteil deiner Recherche hast du damit bereits erledigt – Check.

Im nächsten Schritt solltest du die besten fünf Matches grob überfliegen. Mach dir bei der Gliederung deiner Arbeit doch bitte (!) keine Mühe. Die Gliederung deiner Arbeit richtest du an der Gliederung des Aufsatzes aus, den du für inhaltlich am nähesten an der Beantwortung deines Themas findest. Der Autor dieser Ursprungsquelle wird sich bei seiner Gliederung schon etwas gedacht haben.

In diese Ursprungs-Gliederung adaptierst du nun nach und nach weitere Gliederungspunkte aus anderen Quellen bzw. streichst/präzisierst bestehende Punkte. Bereits durch dieses Vorgehen wirst du auf diskutierte Problemschwerpunkte und die vertretenen Meinungen aufmerksam, was dir dabei helfen kann dich abschließend zu einem Thema zu positionieren oder die bisherigen „Gedankengänge" weiterzuentwickeln. Die Anzahl der (Unter)Gliederungspunkte in anderen Arbeiten sollte dir zudem einen Richtwert über die Problemtiefe einzelner Punkte geben, also über die Schwerpunktsetzung in deiner Arbeit.

Diese Klarheit liefern die Urteile, denen die Hausarbeiten im Studium ja häufig nachempfunden sind, nicht. Für deine Literaturverwaltung und Organisation der ganzen Texte eignet sich das kostenlose Softwaretool *Citavi/Zotero* sehr gut.

Nachdem du die „Lesephase" beendet und eine klare Struktur erstellt hast, die einen „roten Faden" erkennen lässt, musst du nun deine Arbeit nur noch „herunterschreiben". Dabei ist für eine hohe Punktzahl entscheidend, dass du nicht nur die bestehenden Meinungen zusammenfasst, sondern auch bewertest und ggf. eigene Gedanken herausarbeitest.

Um von Beginn an nicht in Zeitnöte zu geraten, solltest du dir eine „Deadline" für den Beginn der Anfertigung deiner Schwerpunktarbeit setzen. Denn in der Regel benötigst du zum Ende deiner Bearbeitungsfrist noch Zeit für etwaige Korrekturen oder inhaltliche Einschübe und insbesondere für das Korrekturlesen.

Neben den Anforderungen an den *Inhalt* kommt jedoch auch der *Form* der Schwerpunktarbeit eine besondere Bedeutung zu. Denn im Gegensatz zum Inhalt, der vom Thema abhängt und damit sehr individuell ist, sind die Anforderungen an die Form objektivierbar. Neben der zulässigen Zeichenanzahl/Seitenanzahl, dem Korrekturrand, der

Gestaltung des Literaturverzeichnisses (alphabetisch nach dem Nachnamen geordnet von A-Z) gibt es insbesondere gewisse Anforderungen an die Form der Fußnoten. Formfehler sollten daher vermieden werden, um keine unnötigen Punktabzüge zu kassieren.

***Beispiele** (nicht allgemeingültig):*

Ein wissenschaftlicher Artikel einer Person, den du zitieren möchtest, wird grundsätzlich wie folgt zitiert:

Bearbeiter (kursiv), Zeitschrift mit Erscheinungsjahr (z.B. NJW 2020), erste Seite des Artikels und danach die Seite, auf der die zitierte Aussage zu finden ist. Dabei endet jede Fußnote mit einem Punkt.

So z.B.: Bleckat, NStZ 2020, 715, 717.

Rechtsprechung wird in der Regel ohne das Datum des Urteils oder des Beschlusses wie folgt zitiert:

z.B.: BGH NJW 2019, 2012, 2014.

Wichtig ist auch, dass besondere Entscheidung, die einen Namen erhalten haben (z.B. die „Geburtstagszugentscheidung" des BGH oder „Solange I" usw.) genannt werden:

z.B.: EuGH NJW 2020, 2613, 2614 – „Schrems II".

Ob die zitierte eine Entscheidung einen Namen hat oder nicht, findest du in der Regel bei beck-online heraus.

Neben einer umfangreichen Auswertung der wissenschaftlichen Literatur bezüglich deines Themas und der Einhaltung der Formvorgaben kommt auch sauberem Zitieren große Bedeutung zu. Oftmals wird dies vernachlässigt, was „teuer" wird, weil du gerade in deiner Schwerpunktarbeit unter Beweis stellen sollst, dass du wissenschaftlich Arbeiten kannst. Dementsprechend solltest du nicht nur die wissenschaftliche Literatur und bisherige Rechtsprechung zu deinem Thema vollumfänglich auswerten, sodass z.B. kein „großes Urteil" oder eine „bedeutende Meinung" ausgespart wird, sondern auch eine zutreffende Zitierweise ist für eine gute Schwerpunktarbeit entscheidend. So müssen immer Primärquellen, sofern bekannt, zitiert werden.

Beispiel: Wenn du eine Passage aus einem Lehrbuch zitierst und diese wiederum auf einer anderen Quelle beruht, musst du die andere Quelle recherchieren und zitieren und darfst nicht das Lehrbuch als Fundstelle/Quelle nehmen, da dieses eine Sekundärquelle darstellt. In einem solchen Fall würdest du dann die Sekundärquelle zitieren, was negativ ist.

VIII. Engagement im Studium

Das Jurastudium ist sicherlich zeitintensiv. Wenn es um Engagement außerhalb der Pflichtmodule des Studiums geht hört man daher oft: „Ich habe keine Zeit noch etwas neben dem Studium zu machen und ich habe Sorge den Jura Stoff zu vernachlässigen.“ Diese Einstellung ist jedoch kurzsichtig und oft nicht durchdacht. Die Teilnahme an Projekten und Aktionen über das Jurastudium hinaus ist eine großartige Chance praktische Erfahrungen zu sammeln und Fähigkeiten zu erlernen, die du im klassischen Studienablauf nicht vermittelt bekommst. Wir wollen dich daher ermuntern, dich neben dem Jurastudium in irgendeiner Weise zu engagieren oder beispielsweise durch einen Auslandsaufenthalt über den Tellerrand hinauszublicken.

Viele juristische Fakultäten haben ein umfangreiches Angebot an Projekten, Aktionen oder auch Ergänzungs- und Kombinationsstudiengängen (wie z.B. einen integrierten LL.B. Studiengang), an denen man neben dem Jurastudium teilnehmen kann. Auch studienfachübergreifende Gruppen und Projekte deiner Universität können einen interessanten Ausgleich zum juristischen Studium bieten. Darüber hinaus kannst du dich natürlich auch außeruniversitär engagieren.

Natürlich ist es wichtig darauf zu achten, dass eine Tätigkeit neben dem Studium nicht so viel Zeit in Anspruch nimmt, dass diese dir am Ende beim Lernen fehlt.

Das sollte dich allerdings nicht davon abhalten, überhaupt an einer Aktion teilzunehmen. Viele Projekte und Vereine sind auf die schwankenden zeitlichen Kapazitäten von Studierenden eingestellt. Insbesondere Projekte, die von oder in Zusammenarbeit mit der juristischen Fakultät angeboten werden, sind gerade auf die Anforderungen deines Studiums abgestimmt. Darüber hinaus wertschätzen viele Fakultäten das Engagement ihrer Studierenden in Projekten wie studentischen Rechtsberatungen und Moot Courts, indem sie ab einer bestimmten Teilnahmedauer in einem Projekt ein Freisemester vergeben oder Schlüsselqualifikationen für die Teilnahme anrechnen. Bei Auslandsaufenthalten, die über das weltweite Erasmus-Programm organisiert werden, werden deine Studienleistungen „eingefroren“, sodass sie sich nicht auf deine Regelstudienzeit auswirken können. Es kann sich also durchaus lohnen, sich über die Angebote der eigenen Fakultät zu informieren. Der große Vorteil des Engagements in einem fächerübergreifenden oder außeruniversitären Projekt oder Verein besteht darin, dass du die Möglichkeit bekommst, dich mit Menschen auszutauschen, die nicht in der „Jura-Bubble“ sind und durch die du einen neuen Blick auf die Dinge erlangen kannst. Je näher das erste Staatsexamen rückt, desto schöner ist es sich mit Nicht-Juristen austauschen zu können und dadurch daran erinnert zu werden, dass Jura eben auch nicht alles ist. Im Folgenden wollen wir dir einige spannende Möglichkeiten vorstellen, sich neben dem Pflichtprogramm des Jurastudiums weiterzuentwickeln.

1. Moot Courts

Die Teilnahme an einem Moot Court kann großen Spaß machen. In einer *fiktiven Gerichtsverhandlung* spielst du dabei den Kläger oder Beklagten, teilweise auch den Richter eines Rechtsstreits, sammelst „Prozesserfahrungen", musst eine Klage oder Klageerwiderung schreiben bzw. ein Urteil verfassen und darfst sogar eine Robe anlegen. Eine Teilnahmebescheinigung gibt es obendrauf auch.

Die simulierte Verhandlung zeigt dir, womit du es in deiner späteren juristischen Karriere zu tun bekommst. Es macht schon Spaß, das in der Theorie Gelernte praktisch anzuwenden und das freie Reden vor Gericht sowie einige prozessuale Feinheiten einzuüben. Die enge Arbeit in Gruppen von ca. drei bis vier Personen erzeugt einen besonderen Zusammenhalt und eine Gruppendynamik. Man fühlt sich schnell als richtiges Team.

Abhängig von der Art des Moot Courts kann das aber auch eine große Belastung und zeitaufwendige Arbeit sein. Neben uniinternen Veranstaltungen gibt es nämlich auch regionale, bundes- und sogar weltweit ausgetragene Moot Courts, bei denen verschiedene Unis gegeneinander antreten.

An die großen und bekannteren Moot Courts, wie den ICC Mediation Moot oder den Willem C. Vis Moot solltest du dich überhaupt erst dann rantrauen, wenn du deine Zwischenprüfung sicher in der Tasche hast. Die Vor- und Ausarbeitung beansprucht *sehr viel Zeit*. Dafür bekommst du im Gegenzug aber die Gelegenheit, mit internationalen Wettbewerbern und Großkanzleien in Kontakt und in Austausch zu treten. Daneben existieren etwa der ELSA oder Soldan Moot Court oder fakultätsinterne Angebote, die etwas weniger ambitioniert sind, aber nicht minder spannend sein können. Je nachdem, für welches Rechtsgebiet du Sympathien hegst und welche Ambitionen du verfolgst, solltest du dir einen Moot Court aussuchen. Wir können dir den Besuch jedenfalls nur wärmstens empfehlen.

2. Studentische Rechtsberatung

Eine besonders empfehlenswerte Tätigkeit neben dem Studium ist das Engagement in einer studentischen Rechtsberatung. Studierende anderer Fachrichtungen können sich mit kleineren rechtlichen Problemen an das Projekt wenden und bekommen bei einem gemeinsamen Termin von Studierenden der juristischen Fakultät einen kostenlosen Rechtsrat und ggf. einen ersten Schriftsatz. Begleitet wird das Projekt in der Regel von einer Rechtsanwältin oder einem Rechtsanwalt. Dadurch wird sichergestellt, dass die Studierenden immer fachlich korrekt beraten werden. Mit dem Engagement in einer solchen Law Clinic, auch Legal Clinic genannt, kannst du nicht nur andere Studierende bei der Lösung ihrer Rechtsprobleme unterstützen. Du kannst durch deine Tätigkeit als Berater auch für dich selbst nützliche Erfahrungen sammeln, z.B. wie man echte Fälle löst, juristische Sachverhalte allgemein verständlich erklärt oder einen Forderungsschreiben aufsetzt. Einen besseren Einblick in die anwaltliche Tätigkeit kannst du während des Jurastudiums kaum bekommen. An einigen Fakultäten bekommst du ab einer bestimmten Semesteranzahl, die du als studentischer Rechtsberater tätig bist, die Teilnahme an der Law Clinic als Pflichtpraktikum anstelle des Anwaltspraktikums anerkannt.

Darüber hinaus bieten einige juristischen Fakultäten wie die der Universitäten Berlin, Göttingen und München auch die Möglichkeit geflüchtete Menschen im Migrationsrecht zu beraten. Für deinen Einsatz als Berater in einer solchen Refugee Law Clinic erhältst du vor Beginn deiner Tätigkeit eine Einführung in die relevanten Rechtsgebiete. Im Vergleich zu den herkömmlichen studentischen Rechtsberatungen wird dir hier auch die Möglichkeit geboten, dich in einem Bereich fortzubilden, der im Hauptstudium nicht vorkommt.

3. Hochschulgruppen und Ehrenamt

Nicht nur an der juristischen Fakultät gibt es viele Angebote, die du neben dem Studium nutzen kannst. Jede Universität hat eine Liste von Initiativen und Hochschulgruppen, denen du während deiner gesamten Studienzeit beitreten kannst.

Manche Initiativen suchen gezielt Jurastudierende für ihre Projekte, wie zum Beispiel studentische Unternehmensberatungen. Aber auch bei Menschenrechtsorganisationen wie den Hochschulgruppen von Amnesty International kannst du deine juristischen Kenntnisse einbringen. Dein Engagement muss aber auch gar nicht zwingend in einer direkten Verbindung zu deinen Studieninhalten stehen. Auch die Teilnahme an einer Initiative oder Hochschulgruppe, die auf den ersten Blick keinen Bezug zu juristischen Themen erkennen lässt, kann dir dabei helfen, wichtige Fähigkeiten zu erlernen, die du für dein Studium nutzen kannst, wie Projektmanagement, Rhetorik, Selbstorganisation und Teamfähigkeit. Allein schon um Studierende anderer Fakultäten kennenzulernen, lohnt es sich bei einer Hochschulgruppe vorbeizuschauen. Hier gilt die Devise: Sich einfach trauen. Bei fast allen Initiativen kannst du einfach ohne Anmeldung bei einem Treffen vorbeischauen und dich über das Projekt vollkommen unverbindlich informieren.

Ganz besonders empfehlenswert ist das Engagement bei einer Initiative oder einem Verein, bei der du gemeinnützig aktiv wirst. Ehrenamtliche Tätigkeit, bei der man für andere einen Mehrwert schafft, macht nicht nur besonders viel Spaß, sondern auch nachhaltig zufriedener. Ehrenamtliche Tätigkeit ist außerdem gesellschaftlich angesehen. So setzen viele Stipendiengeber voraus, dass Bewerber sich neben dem Studium ehrenamtlich engagieren und auch bei Bewerbungsgesprächen kannst du mit einer gemeinnützigen Tätigkeit punkten.

4. Auslandsaufenthalte

Auslandsaufenthalte im Studium sind großartig. Ein Semester oder ein Praktikum im Ausland bietet dir die Möglichkeit, deine Sprachkenntnisse zu verbessern, das Studentenleben in einer neuen Stadt kennenzulernen und ein anderes Land in jeder Hinsicht zu erkunden. Die Zeit im Ausland kann dir die Chance bieten, durch die damit verbundenen Herausforderungen über dich hinauszuwachsen. Die Meisten sind nach ihrem Auslandsaufenthalt selbstständiger und selbstbewusster.

Leider hält sich unter Studierenden hartnäckig das Vorurteil, ein Semester im Ausland könne man sich während des Jurastudiums „nicht leisten“. Oft wird behauptet, dass man dadurch ein wertvolles Semester verliert und dadurch den Freischuss riskiert. Das ist so allerdings nicht richtig. Auslandssemester, die über das Erasmus-Programm deiner Universität organisiert werden, werden nicht auf die Regelstudienzeit angerechnet. Deine Studienleistungen werden sozusagen eingefroren bis zum Ende des Auslandssemesters.

Auf der einen Seite besteht dennoch die Gefahr, dass du während deiner Zeit im Ausland Erlerntes aus dem Jurastudium wieder vergisst, auf der anderen Seite bietet dir ein Auslandssemester allerdings die Möglichkeit, dich auch mal mit einem anderen Rechtssystem auseinander zu setzen. Dabei wirst du automatisch die juristischen Konzepte vor

Ort mit dem Rechtssystem in Deutschland vergleichen. Hierdurch lernst du die Inhalte aus dem Jurastudium aus einer neuen Perspektive zu betrachten und Gesamtzusammenhänge besser zu verstehen.

Das Jurastudium ist also per se kein Grund, um auf einen Auslandsaufenthalt zu verzichten. Viele sind aber auch zusätzlich abgeschreckt von dem Aufwand mit dem die Organisation eines Auslandsaufenthalts verbunden ist. Du bist aber nicht auf dich gestellt, wenn es um die Vorbereitung und Finanzierung von Auslandsaufenthalten geht. Universitäten fördern den Wunsch ihrer Studierenden Studienzeit im Ausland zu verbringen in vielerlei Hinsicht. Das „International Office" der Uni ist dein Ansprechpartner bei allen Fragen rund ums Thema. In der Regel veranstaltet das International Office Infoveranstaltungen zum Erasmus-Programm und anderen Optionen, ein Semester oder länger im Ausland zu studieren. Ein wichtiger Aspekt ist die Finanzierung von Studienaufenthalten im Ausland. Viele europäische Länder erheben hohe Studiengebühren und die Lebenshaltungskosten liegen weit über dem durchschnittlichen Niveau in Deutschland. Davon solltest du dich aber nicht abschrecken lassen. Es gibt auch in Europa viele Partneruniversitäten, an denen das Studium kostenlos ist und im Rahmen des Erasmus-Plus-Programms bekommst du sogar einen Auslandsunterhalt. Auch Stipendien sind eine gute Möglichkeit einen Auslandsaufenthalt zu finanzieren. Der Deutsche Akademische Austauschdienst (DAAD) ist der bekannteste Stipendiengeber in diesem Bereich und hat ein spezielles Förderprogramm für jede Form von Auslandsaufenthalten. Es gibt aber auch kleinere Stipendien, die teilweise auch in Kooperation mit der Universität, Gelder für Studienaufenthalte im Ausland bereitstellen. Für die besonders kostenintensiven Hochschulstandorte wie die USA, Australien oder Großbritannien gibt es sogar eigene Stipendien. Das International Office kann dich bei der Suche nach dem richtigen Stipendium unterstützen. Die Wahrscheinlichkeit als Stipendiat angenommen zu werden, ist viel höher als man vielleicht denken würde. Es gibt unzählige Stipendien und auf die weniger bekannten bewerben sich oft nur wenige Studierende. Du brauchst also keine top Noten, um ein Stipendium zu ergattern.

Du kannst im Ausland nicht nur einen Studienaufenthalt verbringen, sondern auch ein Praktikum absolvieren. Die meisten Universitäten gestatten es, das Anwaltspraktikum weltweit zu absolvieren. Du kannst mit einem Praktikum im Ausland also sogar einen Pflichtmodul des Jurastudiums abhaken. Ein Praktikum im Ausland ist oft einfacher zu organisieren und zu finanzieren als ein Auslandssemester, dafür ist die Zeit, die du im Ausland verbringst auch deutlich kürzer.

Eines solltest du bei der Planung deines Auslandsaufenthalts allerdings berücksichtigen: Den richtigen Zeitpunkt. Generell empfehlen wir dir, das Auslandssemester eher zu Beginn als zu Ende des Jurastudiums einzubauen. Es bietet sich an, ein Auslandssemester zum Abschluss eines Studienabschnitts zu planen, also zum Beispiel direkt nach der Zwischenprüfung, bevor du mit den großen Übungen beginnst oder nach den großen Übungen, vor dem Einstieg in die Examensvorbereitung. Wenn du rechtzeitig mit der Planung beginnst, steht einem Auslandsaufenthalt während des Jurastudiums nichts entgegen!

5. Bachelor of Laws (LL.B.)

In Deutschland absolvieren bereits knapp 22.000 Studierende Jura nicht mehr in seiner klassischen Form des ersten und zweiten Staatsexamens, sondern ausschließlich im Bachelor- und ggf. anschließendem Masterstudiengang. Mit dem akademischen Grad des Bachelor of Laws (LL.B.) kann man zwar nicht als Richter oder Rechtsanwalt, wohl aber als Wirtschaftsjurist arbeiten. Während die Absolventenzahlen der klassischen juristischen Ausbildung seit Jahren rückläufig sind, macht mittlerweile fast jeder fünfte Jurastudent durch diese Wahl deutlich, dass er kein Interesse an einer Tätigkeit in der Justiz (Richter, Staatsanwalt), als Verwaltungsjurist oder als Anwalt bzw. Notar hat. Die Aussicht einer späteren volljuristischen Karriere scheint nicht länger so attraktiv zu sein, als dass sie die zusätzlichen Mühen rechtfertigen könnte. Diese Gruppe von Studierenden hat anscheinend keinen Bock mehr auf ein „Studium mit nachgewiesen schlechtem Studienklima, an einer fast zehnjährigen Ausbildung mit wenig Möglichkeiten zur Ausprägung persönlicher Interessen, an zwei selektiven und psychisch belastenden Staatsprüfungen“.[54]

Dort, wo Absolventen des LL.B. auf dem Arbeitsmarkt mit vollständig ausgebildeten Anwälten fachlich konkurrieren, werden sie den Kürzeren ziehen. Oft sind diese Studiengänge an den Universitäten daher in die klassische juristische Ausbildung integriert, sodass die Leistungen für das Staatsexamen auch für den Bachelor of Laws angerechnet werden können. Das bietet dir bereits sicher einen akademischen Abschluss.

Wenn du dich während des Jurastudiums für einen integrierten Bachelor Studiengang interessierst, solltest du dich zuvor jedoch genau mit der Konzeption des Bachelors auseinandersetzen und überprüfen, ob die Mehrbelastung durch das zweite Studienfach mit deiner Studienplanung vereinbar ist. Wenn sich größere Module des Jurastudiums nicht für den Bachelor oder andersherum Studienleistungen aus dem

---

[54] *Kilian*, „Die Zukunft der Juristen“, NJW 2017, 3043 (3046).

Bachelorstudiengang sich nicht für dein Hauptstudium anrechnen lassen, solltest du davon absehen beide Studiengänge parallel zu absolvieren und dich auf das Jurastudium konzentrieren.

6. Einen eigenen Aufsatz veröffentlichen

Im Laufe des Studiums kommt man immer wieder mit interessanten Fragestellungen in Kontakt, denen man in Form eines Artikels nachspüren kann. Das kann eine ausschließlich von dir bearbeitete Konstellation deiner Hausarbeit ebenso sein wie ein praktisches Problem, dem du im Kreis deiner Familie oder während deiner Arbeit in der Kanzlei begegnet bist. Das Verfassen eines wissenschaftlichen Aufsatzes ist kein Muss, kann aber ein schönes „Nice-to-Have" sein und wird teilweise auch finanziell durch die Verlage vergütet.

Damit dein Aufsatz dem Maßstab der Wissenschaftlichkeit genügt, muss er zwingend einen groben Überblick über alles aufgreifen, was bislang zu dem Thema geschrieben bzw. publiziert wurde. Nachdem du genügend Quellen gesichtet hast, solltest du daraus den aktuellen wissenschaftlichen Stand der Thematik herausfiltern und schriftlich festhalten. Meistens gelingt es bereits durch diese Recherche, eine eigene Gliederung anhand der verschiedenen wissenschaftlichen Aufsätze zu erstellen. Falls du dagegen eine noch nicht erforschte Fragestellung beleuchten möchtest, solltest du dich am Gesetz und der bestehenden Kommentierung orientieren und anschließend überlegen, ob und ggf. unter welche vergleichbare Regelung deine Fallkonstellation gefasst werden könnte.

Aus unseren Erfahrungen können wir berichten, dass Artikel eines studentischen Alleinautors nicht in jeder Zeitschrift angenommen werden, sollte er noch so gut sein. Große Verlage fürchten um ihr Renommee und legen Wert darauf, dass Autoren mindestens das erste Examen abgeschlossen haben. Um trotzdem in diesen renommierten Fachzeitschriften publizieren zu können, kannst du dich mit einem Professor oder deinem anwaltlichen Arbeitgeber zusammentun. Alternativ gibt es Fachzeitschriften, die auch studentische Artikel veröffentlichen.

Weil es zu jedem juristischen Bereich meist gleich mehrere Fachzeitschriften gibt, schaust du am besten, in welchen thematischen Bereich dein Aufsatz einzuordnen ist und welche Zeitschrift in diesem Bereich publiziert. Dazu kannst du nach deinem Rechtsbereich googlen und gibst in diesem Zusammenhang einfach „Zeitschrift" ein.

Den Kontakt zur Zeitschrift stellst du ganz einfach über die jeweilige Redaktion und die dort angegebene E-Mail-Adresse her. An diese schickst du deinen Artikel unter Einhaltung der gewünschten redaktionellen Vorgaben (macht gleich einen guten Eindruck). Du findest sie unter den öffentlich ausgegebenen Autorenhinweisen. Danach dauert es meist noch ein paar Wochen, bis du überhaupt eine Antwort erhältst. Die Redaktion bzw. deren wissenschaftlicher Beirat prüfen anschließend dein eingereichtes Manuskript und teilen dir nach der Prüfung mit, ob einer Veröffentlichung entsprochen werden kann.

Bei der Bearbeitung und Veröffentlichung deines Artikels wünschen wir dir viel Erfolg!

IX. Zukunft nach dem ersten Examen

1. Master of Laws (LL.M.)

Der Master of Laws (LL.M.) ist ein Studium, das entweder den Abschluss eines LL.B. oder das erste juristische Staatsexamen voraussetzt. Es handelt sich dabei also um einen postgradualen Studiengang. LL.M. Studiengänge werden immer beliebter. Zum einen bieten diese, zumeist auf zwei Semester begrenzten, Studiengänge eine Möglichkeit, sich vor dem Referendariat oder dem Berufseinstieg auf ein oder auch mehrere Rechtsgebiete zu spezialisieren. Ein LL.M. Studium muss jedoch nicht direkt im Anschluss an das erste Staatsexamen angetreten, sondern kann auch nach dem zweiten Staatsexamen absolviert werden. Im Vergleich zum Jurastudium sind die in einem LL.M. Studiengang behandelten Inhalte in der Regel deutlich flexibler und aktueller, als man das aus dem Jurastudium gewohnt ist. Auch wenn ein solches Aufbaustudium eine noch längere Studienzeit bedeutet, kann ein LL.M. Studium die Motivation für die juristische Arbeit enorm steigern und richtungsweisend für deine zukünftige fachliche Ausrichtung sein. Typischerweise wird ein LL.M. Studium im Ausland absolviert und die Veranstaltungen finden zumeist auf Englisch statt. Es gibt aber auch LL.M. Studiengänge, die teilweise oder vollständig in Deutschland angeboten werden. Wenn du dich für einen LL.M. Studiengang entscheidest, empfiehlt es sich jedoch ein Studium mit einem möglichst umfangreichen Auslandsaufenthalt zu wählen. Ein LL.M. Studium kann eine tolle Chance sein, Studienzeit im Ausland zu verbringen, wenn du dich während des Jurastudiums nicht zu einem Auslandssemester durchringen konntest. Aufgrund der Internationalität der meisten LL.M. Studiengänge kannst du im Rahmen eines solchen Studiums global vernetzen. Der LL.M. ist in der juristischen Arbeitswelt inzwischen ein gern gesehener Titel, da der Abschluss eines solchen Studiums aussagt, dass du dich nicht nur in einem bestimmten Gebiet spezialisiert hast, sondern auch, dass du über Selbstständigkeit und gute Englischkenntnisse verfügst.

2. Promotion – Dr. iur. ganz ohne „VB“

Wer wie promovieren darf, ist in den jeweiligen Promotionsordnungen der Universitäten geregelt. Dort sind die bestimmten Voraussetzungen genannt, unter denen es den Doktortitel auch ohne „Vollbefriedigend“ gibt.

So bestimmt § 5 der Promotionsordnung der Universität Hannover u.a., dass die Begründung des Doktoranden- und Promotionsverhältnisses *auf Antrag auch ohne „Vollbefriedigend“ möglich* ist, wenn die Erste Prüfung bzw. die Erste juristische Staatsprüfung oder die Zweite juristische Staatsprüfung mit der *Note „befriedigend“* bestanden wurde *und* dabei die *Schwerpunktbereichsprüfung* mindestens *mit der Note „gut“* (11,5 Punkte) bestanden wurde. Bei den bekanntlich guten Noten im Schwerpunkt erscheint das nicht unmöglich.

Einen Anspruch auf Promotion gibt es jedoch nicht. Um diese Möglichkeit tatsächlich wahrnehmen zu können, braucht man auch einen Professor, der dich betreuen möchte und mit dir ein Promotionsthema erarbeitet. Hier kann deine frühere Arbeit als studentische Hilfskraft eine Chance sein. Eine Promotion ist entweder intern, also im Rahmen einer Tätigkeit als wissenschaftlicher Mitarbeiter oder auch extern, also ohne eine Anstellung an einem Lehrstuhl, möglich. Weil die Verteilung finanzieller Mittel an die Lehrstühle auch von der Anzahl der Promotionsstellen abhängt, sind Professoren grundsätzlich daran interessiert, Doktoranden zu betreuen und eine Themenvergabe ist daher auch ohne langen Kontakt möglich. Wie wir aus unserem Freundeskreis wissen, kann unter Umständen eine einfache E-Mail ausreichen, wobei dies nicht die Regel darstellt. Üblicherweise ist das Promotionsthema durch ein ca. 15-seitiges Exposé vorzustellen. Wenn du dich für eine Promotion interessierst, aber keinen anderweitigen Kontakt einem Professor hast, ermuntern wir dich, diese Option auszuprobieren und dein Interesse per E-Mail zu bekunden. Wenn für dich eine Doktorarbeit nach dem Abschluss des Jurastudiums grundsätzlich in Frage kommt, solltest du dir allerdings vor der Anfrage eines Promotionsplatzes bewusst machen, dass es sich bei der Anfertigung einer Doktorarbeit um einen Marathon handelt, der Durchhaltevermögen und Interesse am wissenschaftlichen Arbeiten erfordert.

3. Überblick über das Rechtsreferendariat

Nachdem du die Erste juristische Prüfung erfolgreich hinter Dich gebracht hast, wirst du vermutlich deinen wohlverdienten Urlaub antreten, anstatt dir große Gedanken über die Zukunft zu machen. Das ist auch vollkommen richtig so! Eine kleine Auszeit solltest du dir unbedingt nehmen und dich nicht sofort ins neue „Abenteuer“ (dem Rechtsreferendariat) stürzen. Denn die Note dieser Prüfung kann für deine berufliche Karriere entscheidend werden[55], sodass Du ausgeruht starten solltest.

Deine „Reise“ im Rechtsreferendariat beginnt mit einer Bewerbung zur Einstellung in den juristischen Vorbereitungsdienst bei dem jeweiligen OLG-Gerichtsbezirk, in dem du tätig werden willst. Im Folgenden zeigen wir Dir die jeweils zuständige/n Behörde/n des jeweiligen Bundeslandes, an den du deine Bewerbung senden kannst:

Bundesland	**Zuständige Einstellungsbehörde**
Schleswig-Holstein	Oberlandesgericht Schleswig-Holstein
Hamburg	Hanseatisches Oberlandesgericht Hamburg
Niedersachsen	Abhängig davon, in welchem Bezirk du tätig werden willst: Oberlandesgericht Braunschweig Oberlandesgericht Celle Oberlandesgericht Oldenburg
Bremen	Hanseatisches Oberlandesgericht in Bremen
Mecklenburg-Vorpommern	Oberlandesgericht Rostock
Brandenburg	Brandenburgisches Oberlandesgerichts
Berlin	Kammergericht Berlin
Sachsen-Anhalt	Oberlandesgericht Naumburg

[55] Siehe dazu mehr unter 7. „Traumjob“ ohne „Prädikat“?.

Nordrhein-Westfalen	Abhängig davon, in welchem Bezirk du tätig werden willst: Oberlandesgericht Köln Oberlandesgericht Hamm Oberlandesgericht Düsseldorf
Hessen	Oberlandesgericht Frankfurt am Main
Thüringen	Thüringer Oberlandesgericht Jena
Sachsen	Oberlandesgericht Dresden
Rheinland-Pfalz	Abhängig davon, in welchem Bezirk du tätig werden willst: Oberlandesgericht Koblenz Oberlandesgericht Zweibrücken
Saarland	Saarländisches Oberlandesgericht
Baden-Württemberg	Abhängig davon, in welchem Bezirk du tätig werden willst: Oberlandesgericht Stuttgart Oberlandesgericht Karlsruhe
Bayern	Abhängig davon, in welchem Bezirk du tätig werden willst: Oberlandesgericht Bamberg Oberlandesgericht München Oberlandesgericht Nürnberg

Da jeder OLG-Gerichtsbezirk unterschiedliche Einstellungstermine aufweist, solltest du die Internetseite des jeweils zuständigen Oberlandesgerichts besuchen. Denen kannst du auch entnehmen, welche Bewerbungsfristen gelten sowie welche konkreten Bewerbungsunterlagen eingereicht werden müssen.

Ist die Einstellung dann geglückt, wirst du im Rechtsreferendariat mehrere Stationen durchlaufen, wobei die Anzahl und die Dauer von Bundesland zu Bundesland variieren. Grundsätzlich gibt es in jedem Bundesland eine Station bei Gericht, bei der Staatsanwaltschaft, bei einer Behörde/einem Ministerium, bei einer Kanzlei und eine Wahlstation, bei der du dir frei auswählen kannst, wo du diese absolvierst (z.B. erneut bei Gericht).

Auch die Anzahl der Examensklausuren im 2. Staatsexamen variiert von Bundesland zu Bundesland und liegt zwischen sieben bis elf Klausuren, wobei die überwiegende Anzahl der Bundesländer acht Klausuren schreiben lässt. Bei den Klausuren handelt es sich dabei um praxisorientierte Arbeiten. Du musst etwa ein Urteil oder eine Anklageschrift innerhalb von fünf Stunden verfassen. Die Gewichtung und die Zusammensetzung der mündlichen Prüfung variiert ebenfalls. Sie setzt sich in der Regel aus einem Aktenvortrag sowie mündlichen Prüfungsgesprächen zusammen. Das Gleiche gilt auch für das „Gehalt", welches du während deiner Zeit im Rechtsreferendariat verdienst. Dieses liegt durchschnittlich bei ca. 1.300 Euro brutto. Derzeit gibt es jedoch Bestrebungen dahingehend Referendare wieder auf Widerruf zu verbeamten, womit eine Erhöhung des Gehalts einhergeht. In einigen Bundesländern ist dies bereits umgesetzt.

Eine sehr gute Übersicht zu den Einstellungsunterlagen, zum „Gehalt", zu der Anzahl der schriftlichen Klausuren im 2. Staatsexamen sowie der Zusammensetzung dessen mündlicher Prüfung für dein jeweiliges Bundesland findest auf der Internetseite „https://www.talentrocket.de/referendariat". Dort kannst du die entsprechenden Informationen für dein jeweiliges Bundesland überblicken. Außerdem kannst du dort den Prüfungszeitpunkt für die schriftlichen Klausuren, der unter den Bundesländern unterschiedlich ist, in deinem jeweiligen Bundesland einsehen, wobei jedoch regelmäßig die schriftlichen Klausuren im letzten Monat der Anwaltsstation (im 20. Monat deines Referendariats) stattfinden. Für dein Rechtsreferendariat und insbesondere das 2. Staatsexamen wünsche wir dir bereits an dieser Stelle viel Glück!

4. „Traumjob" ohne „Prädikat"?

Der Begriff „Traumjob" ist so individuell, dass er kaum greifbar ist. Jeder hat diesbezüglich unterschiedliche Vorstellungen, bei denen wiederum verschiedene Aspekte (z.B. Unabhängigkeit, Geld, Freizeit, Altersvorsorge) eine dominierende Rolle spielen. Explizit bereiten uns Studium und Ref aber auf die „Traumjobs" Richter, Staatsanwalt,

Verwaltungsjurist oder Rechtsanwalt vor. Vielleicht denkst du, dass dir ohne ein entsprechendes „Prädikatexamen“ die Türen zu den meisten dieser Berufe verschlossen sein dürften, sodass du zwingend Rechtsanwalt in einer kleineren Kanzlei werden musst oder maximal in einer Rechtsanwalts-Boutique eine Anstellung finden wirst. Dies ist aufgrund der weiterhin stetig steigenden Nachfrage nach jungen Nachwuchsjuristen zum Glück ein Trugschluss. Dir stehen nämlich auch ohne „Prädikatsexamina“ alle Türen – insbesondere auch die der Justiz – offen. Im Folgenden gehen wir daher auf die Einstellungsvoraussetzungen der klassischen Berufe ein, die vermeintlich ein „Prädikatsexamen“ als Einstellungsvoraussetzung verlangen.

a) Justiz (Richter und Staatsanwalt)

Ursprünglich waren die „Top-Absolventen“ die einzigen Juristen, die sich bei der Justiz bewerben konnten. Die Tatsache, dass der Justiz ausreichend Nachwuchs fehlt[56], weil bis 2030 deutschlandweit rund 40 Prozent des bisherigen Personals aus dem Dienst ausscheiden wird[57], macht deutlich, dass diese Praxis nicht mehr weiter aufrechterhalten bleiben kann. Dementsprechend sind die Einstellungsvoraussetzungen nicht mehr die Gleichen wie vor etwa 20 Jahren. Damals konnte sich die Justiz noch die Besten der Besten „rauspicken“. Dagegen ist heute ein „Prädikat“ im zweiten Staatsexamen nicht mehr in allen Bundesländer eine zwingende Voraussetzung für eine Einstellung.[58] Auch bedarf es für die Einstellung in der Ersten juristischen Prüfung (auch 1. Staatsexamen genannt) nicht zwingend eines „Vollbefriedigend“.[59] Welche Mindestvoraussetzungen für die Einstellung in die Justiz in Deinem Bundesland erforderlich sind, kann dabei von Bundesland zu Bundesland und auch teilweise von OLG Bezirk zu OLG Bezirk innerhalb eines Bundeslandes variieren. Zur Veranschaulichung zeigen wir in der folgenden Tabelle die Mindestvoraussetzungen pro Bundesland (Sortierung von Nord nach Süd):

---

[56] https://www.evangelisch.de/inhalte/165525/01-02-2020/richterbund-sieht-weiterhin-grossen-personalmangel-der-justiz.

[57] https://www.lto.de/recht/justiz/j/drb-warnung-justiz-gerichte-richter-staats anwaelte-personalmangel-pensionierungen/.

[58] https://www.lto-karriere.de/jura-studium/stories/detail/nachwuchs-mangel-personal-justiz-kein-praedikat.

[59] Siehe dazu die jeweiligen Bundesländer mit ihren Einstellungsvoraussetzungen: https://www.juristenkoffer.de/richter/.

Bundesland	**Mindestvoraussetzungen**
Schleswig-Holstein	jeweils 9 Punkte in beiden Examina
Hamburg	jeweils 9 Punkte in beiden Examina sowie überdurchschnittliche Leistungen im Vorbereitungsdienst. In Ausnahmefällen reicht ein Examen mit 9 Punkten, sofern in dem anderen Examen ein gehobenes befriedigend (mindestens 8 Punkte) erzielt wurde und wenn sich der Bewerber zusätzlich durch besondere fachliche oder persönliche Qualifikationen auszeichnet (z.B. Berufserfahrung, sonstige juristische Tätigkeiten, Promotion, Auslandserfahrung oder ehrenamtliche Tätigkeiten bzw. soziales Engagement)
Niedersachsen	ab 6,5 Punkten im 2. Staatsexamen, sofern fachliche Qualifikation anderweitig belegt ist; ansonsten mindestens 8 Punkte im 2. Staatsexamen
Bremen	ein Examen mit 9 Punkten sowie im anderen Examen 6,5 Punkte, sofern darüber hinaus besondere persönliche Eigenschaften vorliegen (z.B. anderweitige Berufserfahrung, weitergehende Qualifikationen und Auslandserfahrung); ansonsten möglichst 9 Punkte im 2. Staatsexamen
Mecklenburg-Vorpommern	ab 7 Punkten im 2. Staatsexamen sowie eine herausragende erste juristische Staatsprüfung bzw. anderen Zusatzqualifikationen (wie etwa Promotion), ansonsten 8 Punkte im 2. Staatsexamen sowie herausragende Stationszeugnisse im Referendariat

Brandenburg	ab 7,5 Punkten im 2. Staatsexamen und besondere persönliche Eigenschaften
Berlin	ab 7 Punkten im 1. Staatsexamen sowie 8 Punkten im 2. Staatsexamen
Sachsen-Anhalt	eine Gesamtpunktzahl aus beiden Examina von 16 Punkten, wobei beide Examina mit „befriedigend" abgeschlossen sein müssen
Nordrhein-Westfalen	ab 7,76 Punkten im 2. Staatsexamen und darüber hinaus besondere persönliche Eigenschaften (z.B. Leistungen im Abitur, im Studium, im ersten Examen, in der Referendarzeit oder andere besondere Fähigkeiten und Leistungen, welche die Persönlichkeit eines Richters positiv prägen)
Hessen	ab 7,5 Punkten im 2. Staatsexamen sowie insgesamt 16 Punkten aus beiden Examina, wenn besondere Gründe vorliegen; ansonsten ab 8 Punkten im 2. Staatsexamen sowie insgesamt 16 Punkten aus beiden Examina
Thüringen	in der Summe beider Examina mindestens 15 Punkte, wobei beide Examen jeweils mindestens mit „befriedigend" (ab 6,5 Punkten) abgeschlossen sein müssen
Sachsen	ab 8 Punkten im 2. Staatsexamen und in der Summe beider Examina mindestens 16 Punkte

Rheinland-Pfalz	ab 8 Punkten im 2. Staatsexamen, wobei die Punktzahl nur eine Orientierung darstellt und Zusatzqualifikationen berücksichtigt werden
Saarland	beide juristische Staatsprüfungen mit mindestens 7,5 Punkten oder das zweite Staatsexamen mit 9 Punkten
Baden-Württemberg	beide juristische Staatsprüfungen in der Regel mit mindestens 8 Punkten
Bayern	ab 8 Punkten im 2. Staatsexamen

Die jeweiligen Einstellungsvoraussetzungen können sich natürlich ändern. Daher legen wir dir nahe, dass du dich vorher nochmal auf der Internetseite „https://www.juristenkoffer.de/richter/“, auf der die Einstellungsvoraussetzungen stetig aktualisiert werden, schlau machst. Alternativ kannst du im Internet die jeweiligen Anforderungen „googlen“. Die obigen Einstellungsvoraussetzungen werden sich aber aufgrund des Richtermangels voraussichtlich erstmal nicht großartig ändern.[60]

An der obigen Tabelle wird vor allem deutlich, dass ein mit „befriedigend“ erzieltes 2. Staatsexamen für die Justiz ausreichend sein kann, wenn ihre besondere fachliche Qualifikation anderweitig belegt ist; etwa durch nachgewiesene besondere Leistungen im Referendariat oder der ersten Staatsprüfung oder durch eine nachgewiesene wissenschaftliche Tätigkeit.[61] Somit ist selbst mit einem „schwachen" Abschluss des 1. Staatsexamen noch nichts verloren.

Im Ergebnis ist dementsprechend festzuhalten, dass zum einen die Note der Ersten juristischen Prüfung (sog. „1. Staatsexamen“) im Gegensatz zur Note im 2. Staatsexamen grundsätzlich eine untergeordnete Rolle „spielt“, weil häufig nur eine Untergrenze bezüglich der Benotung im zweiten Staatsexamen für die Einstellung gezogen wird, und zum anderen, dass es keines „Vollbefriedigend“ (weder im 1. noch im 2. Staatsexamen) bedarf, um in die Justiz eingestellt zu werden.

---

[60] https://jura-online.de/blog/2020/10/22/drohender-richtermangel-vorgabe-praedikat-fallt-immer-weiter-weg/.

[61] Einstellungsmerkblatt der ordentlichen Gerichtsbarkeit des Landes Niedersachsens (Stand 02.03.2020).

b) Großkanzlei

Im Gegensatz zu den Einstellungsvoraussetzungen der Justiz sind diese für die Großkanzlei nicht so leicht einsehbar und nachvollziehbar. Häufig liest man in Stellenausschreibungen die nebulöse Anforderung „überdurchschnittliche Examina". Ob darunter zwei „Prädikatsexamen" zu verstehen sind, bleibt damit jedoch offen. Teilweise sind die Stellenausschreibungen jedoch auch unmissverständlich. Dort wird dann ganz offen kommuniziert, dass „zwei mindestens vollbefriedigende juristische Staatsexamen" erwartet werden. Trotz dieser vermeintlich hohen Anforderungen kennen wir Kollegen, die es auch ohne zwei „Prädikatsexamina" – teilweise auch ohne ein einziges „Prädikatsexamen" – in eine Großkanzlei geschafft haben. Jedem muss dabei aber auch klar sein, dass es mit zwei ausreichenden Examina schwer sein wird in einer Großkanzlei mit einem Einstiegsgehalt von bis zu 140.000 Euro eingestellt zu werden. Oft liest man auch von der so genannten Rechenformel „2 aus 4", welches besagt, dass ein Bewerber zumindest zwei der nachgenannten Voraussetzungen – Erstes und Zweites Examen mit Prädikat, Dr. und LLM – mitbringen sollte.[62] Wie streng diese „Regel" von den Personalabteilungen der Großkanzleien berücksichtigt werden, kann nicht abschließend beurteilt werden. Unsere Erfahrung zeigt jedoch, dass du mit Zusatzqualifikationen oder speziellen Fachkenntnissen[63] notentechnisch sehr viel ausgleichen kannst. Du musst für die Großkanzlei interessant sein. Des Weiteren ist aufgrund der internationalen Ausrichtung von Großkanzleien ein Trend dahingehend zu erkennen, dass es für eine Einstellung zunehmend auf sehr gute Englischkenntnisse – nachgewiesen durch Auslandsaufenthalte, insbesondere durch einen Masterstudiengang im Ausland – ankommt. Die formalen Bewerbungsanforderungen der Großkanzleien sind somit nicht immer ganz ernst zu nehmen bzw. gibt es keine festen Formeln für eine Einstellung.[64] Sollte dein Traumjob also Rechtsanwalt in einer Großkanzlei sein, kannst du diesen auch mit einem oder zwei „befriedigenden" Staatsexamen/Staatsexamina leben.

Bei alledem sollte dir aber bewusst sein, dass du in einer Großkanzlei auch deutlich mehr arbeitest als der durchschnittliche Arbeitnehmer. Einen „9 to 5-Job" kannst du dort vergessen. Um sich darüber im Klaren zu werden, ob eine Anstellung in einer Großkanzlei für dich später etwas sein könnte, solltest du entweder nach dem 1. Staatsexamen eine Tätigkeit als wissenschaftlicher Mitarbeiter in einer Groß-

---

[62] https://jurcase.com/einstiegschancen-in-eine-grosskanzlei-nur-mit-praedikat/.
[63] Siehe auch: https://www.lto-karriere.de/jura-studium/stories/detail/was-tun-ohne-praedikatsexamen-arbeitsmarkt-karrieremoeglichkeiten-2-aus-4-grosskanzlei en.
[64] https://jurcase.com/einstiegschancen-in-eine-grosskanzlei-nur-mit-praedikat/.

kanzlei aufnehmen oder die Chance im Referendariat wahrnehmen, eine Station dort zu absolvieren. Beides wird dir einen guten Einblick in die Arbeitsweise und das Arbeitspensum einer Großkanzlei vermitteln. Auch kannst du dort schon wichtige Kontakte für das spätere Berufsleben knüpfen oder dein fachliches Profil schärfen.

c) Verwaltungsjurist

Ein Verwaltungsjurist ist in einer Behörde oder einem Ministerium als sogenannter „Regierungsrat" im höheren Dienst (in der Regel Besoldungsgruppe A13) tätig. Auch hier wird der Juristenmangel deutlich. So ist eine Einladung zum Vorstellungsgespräch und somit eine spätere Einstellung nach erfolgreichem Durchlaufen des Bewerbungsprozesses regelmäßig bereits ab einer Punktzahl von 6,5 Punkten (also ab der Note „befriedigend") in beiden Staatsexamina (sogar unter Umständen auch bei einem „befriedigenden" Staatsexamen) möglich.[65] In Berlin reichen sogar 12 Punkte zusammen aus beiden Staatsexamina für eine Einstellung aus.[66] Die Einstellungsvoraussetzungen sind hier jedoch wie auch bei der Justiz von Bundesland zu Bundesland verschieden. Es wird jedoch deutlich, dass für eine Karriere in der Verwaltung in der Regel „befriedigende" Staatsexamina ausreichen. Dementsprechend musst du dir keine Sorgen machen, wenn du Verwaltungsjurist werden möchtest und die Note „vollbefriedigend" im 1. Staatsexamen nicht erreicht hast. In diesem Fall ist nichts verloren.

---

[65] https://www.hamburg.de/juristin-jurist/; https://karriere.niedersachsen.de/de/juristinnen-juristen-verwaltung/; https://mi.sachsen-anhalt.de/service/karriere/stellenausschreibungen-des-ministeriums-fuer-inneres-und-sport/volljuristen/.

[66] https://www.berlin.de/ausbildungs-und-einstellungsbehoerde/karrierewege/regierungsraete/.

X. Ausblick: Alternative Karrierewege am Beispiel von Legal Tech

Dieses Kapitel soll dazu anregen, dich mit deinen Interessen zu beschäftigen und darüber deine berufliche Karriere zu planen. Die juristische Ausbildung muss nicht in den Berufen Rechtsanwalt, Richter oder Staatsanwalt enden. Dazu ist die Welt zu bunt. Abseits der klassischen Berufe spielen zudem deine Abschlussnoten so gut wie keine Rolle. Auch das kann psychische Erleichterung bereits zu Studienzeiten sein. Weil die Uni und das Referendariat uns aber gezielt auf diese Jobs ausrichten, verengt sich im Laufe der Zeit unser Blick und unsere Vorstellungskraft für Anderes. Florian möchte dir deshalb seine selbstgewählte Schwerpunktsetzung im Studium und einen alternativen Karriereweg skizzieren:

Zu Beginn meines Studiums bis zum Anfang des Referendariats habe ich in einer Rechtsanwaltskanzlei gearbeitet. Das hat mir lange Zeit auch großen Spaß gemacht und war für den Erfahrungsaustausch sowie den, im Vergleich zur Uni, erweiterten Zugriff auf die juristischen Datenbanken eine tolle Ergänzung zum Studium. Über diese Arbeit – ich habe mich um die Online-Akquise von Mandanten und den Entwurf vordefinierter Rechtsberatungs-Produkte im Bank- und Kapitalmarktrecht gekümmert – bin ich damals sehr früh auf die Legal Tech Entwicklung aufmerksam geworden. Das Ganze ging so 2015/16 los.

Sehr schnell hat mich an Legal Tech der niederschwellige Zugang zum Recht fasziniert, durch den die Inanspruchnahme von Rechtsberatung und die Durchsetzung von Rechtsansprüchen für Teile der Bevölkerung überhaupt erst möglich gemacht wird. Entweder wissen diese Menschen nämlich vorher gar nicht von ihren rechtlichen Möglichkeiten und/oder können sich eine „normale“ Rechtsdurchsetzung einfach nicht leisten.

Ich bin bundesweit zu Veranstaltungen und Workshops gefahren, habe Stakeholder besucht und mich inspirieren lassen. Damals war das noch eine kleine Nische. Man kannte sich relativ schnell untereinander. Auch mein erstes Startup habe ich in dieser Zeit gegründet.

Gegen Ende des Studiums hatte ich mir zu Legal Tech dann so viel praktisches Wissen erarbeitet, dass ich mich proaktiv für eine zu schaffende Lehrstelle Legal Tech an der Uni beworben habe. Das hat tatsächlich geklappt. Hannover wurde damals die erste staatliche Universität bundesweit, die sich diesem Thema gewidmet hat. Noch als Student habe ich erste Vorlesungen als Lehrbeauftragter gehalten und konnte sogar unseren fakultätsinternen Lehrpreis gewinnen, den vorher nur Professoren erhalten hatten.

Mein Knowhow aus Bank- und Kapitalmarktrecht (BKR) und Legal Tech hat zudem dazu geführt, dass noch vor meiner Bewerbung zum Referendariat eine Großkanzlei auf mich zugekommen ist, die mich als sog. Legal Engineer[67], also als Schnittstelle zwischen Legal und Tech, einwerben wollte. Gemeinsam mit einem kleinen Team aus Entwicklern und einem Partner sollte ich im BKR Legal Products für die Länder Deutschland, Frankreich, Italien, Spanien und Portugal aufbauen. Das ich gar kein „Vollbefriedigend“ im ersten Examen geschrieben hatte, war dort völlig egal. Das hat in den Gesprächen überhaupt keine Rolle gespielt. Übrigens auch nicht bei meiner Bewerbung als Dozent. Ich musste damals wirklich länger überlegen, habe das Angebot aber ausgeschlagen und bin lieber ins Ref gestartet. Das habe ich bis heute nicht bereut und arbeite, nach meiner Zulassung als Anwalt, mittlerweile selbstständig und mit viel Freude an meinem eigenen Unternehmen.

> **Man sollte [bei der Jobwahl] nicht immer machen, was alle sagen, sondern das, was man gerne macht; nur dann ist man auch gut.**
>
> Ina Steidl, LL.M., Partnerin bei Schollmeyer & Steidl im Interview mit breaking.through[68]

Um später bei der Jobwahl aber überhaupt wissen zu können, was du gerne machst, musst du – am besten bereits im Studium – herausfinden, was dir Spaß macht. Das funktioniert nur durch ausprobieren und nach meiner Erfahrung eher Abseits der Hauptveranstaltungen des Studiums; die sind nämlich streng durchgetaktet und strukturiert. Sich ausprobieren geht da eher nicht. So könntest du es angehen:

Step 1: Awareness schaffen – Bereits bei einer Durchsicht der Inhaltsverzeichnisse der größeren juristischen Fachzeitschriften stoße ich jedes Mal auf Überschriften, bei denen ich denke: „*Wow, damit könnte man sich wirklich mal vertiefter auseinandersetzen.*“ Das funktioniert aber auch abseits juristischer Literatur. Ansonsten bietet die Uni selbst viele interessante Studienangebote; über die juristische Fakultät hinaus gibt es immer auch interdisziplinäre Formate, wo auch deine juristischen Fertigkeiten gefragt sind. Finde ein Randgebiet/eine ganz neue

---

[67] www.juve.de/nachrichten/namenundnachrichten/2021/04/neuartige-wesen-legal-engineers-halten-einzug-in-die-kanzleiwelt; zuletzt abgerufen am 03.05.21.

[68] www.breakingthrough.de/portraet-ina-steidl.

Schnittstelle mit Jura. Irgendwo bleibt man aus Interesse hängen. Du merkst dann relativ schnell, ob du dich für etwas begeistern kannst.

Step 2: Knowhow aufbauen – Wenn du wirklich für eine Sache brennst passiert das ja automatisch. Dann wirst du dich immer mehr in ein Thema einarbeiten/-lesen. Und das schöne ist: Du machst das, nicht weil es eine geforderte Studienleistung ist, sondern wirklich aus Spaß an der Sache! Recherchiere im Internet: Gibt es Meetups, Veranstaltungen zu dem Thema? Oder kontaktiere den Autor eines Fachartikels. Bau dir ein Netzwerk auf und knüpfe Kontakte. Vielleicht kann man hier und da mal ein Praktikum machen oder irgendwie in der Sache unterstützen? Gerade Randgebiete/Neue Schnittstellen suchen „Helping Hands". So kannst du schnell selbst ein Pionier sein.

Ein paar Teaser*

Am besten bildest du dir natürlich deine eigene Meinung, hier aber ein paar Themen, die ich bearbeiten würde, wenn ich mehr Zeit hätte:

- Environmental, Social, and Corporate Governance (ESG), insbesondere Umweltrecht (Klimawandel grüßt)
- KI und Rechtsfragen
- Datenwirtschaftsrecht (Wem gehören Daten?)
- Asyl-, Geflüchteten- und Menschenrechte
- Wissenschaftsjournalismus/Meinungsfreiheit
- Generell: Social Media und Rechtsfragen
- Spezieller: Plattform-Ökonomie im Zusammenspiel mit Urheber-, Kartell- und Steuerrecht

*abseits des Hauptstudiums; keine Gewähr für Zukunftspotentiale

Was machst du mit deinem aufgebauten Knowhow? Insgesamt sehe ich bei vielen jungen Studierenden eine unglaubliche Lust an Wesentlichem zu arbeiten, darauf Verantwortung zu übernehmen und sich auszuprobieren.

Uns geht es nicht nur um Work-Life-Balance, es geht auch darum mit seiner Zeit etwas Sinnvolles, etwas gesellschaftlich Wertvolles zu leisten. Fridays for Future sind für mich da nur der am deutlichsten sichtbare Teil dieser Generation. Längst haben sich erste sog. Purpose-Unternehmen gegründet[69], die nicht mehr für Gewinn, sondern für

[69] Etwa Viva con Aqua, Ecosia, Einhorn oder Goldeimer.

gesellschaftlichen Mehrwert arbeiten.[70] Länger schon wird über Möglichkeiten einer neuen Ökonomie nachgedacht. Grenzenloses Wachstum bei begrenzten Ressourcen kann nicht länger funktionieren. Für mich ist ganz klar: Es werden vor allem **wir**, die nächste Generation sein, die das umgestalten werden (müssen).

Ich bin mir sicher, dass diese Veränderungen nicht vor der Rechtsbranche halt machen werden. Selbst alteingesessene Kanzleien werden sich mit Homeoffice, Work-Live-Balancen-Modellen und digitalen Prozessen auseinandersetzen müssen. Sie werden stärker als noch heute von „Digital Natives" abhängig sein, die in horizontalen Hierarchieebenen mit ihren Kanzlei-Chefs arbeiten, neue Geschäftsmodelle aufbauen und so auch neue Märkte erschließen – schnell, agil und unbürokratisch.

Kanzleipartner, die sich darauf nicht einlassen können und auf ihre herausgehobene Stellung sowie eine hierarchische Arbeitsweise pochen, werden Marktanteile und Mitarbeiter an eine proaktive Konkurrenz verlieren. Für deinen Arbeitgeber kannst du Hoffnungsträger sein. Du kannst dagegenhalten, argumentieren und überzeugen, um notwendige Veränderungen zu bewirken. Wer sich traut, Bestehendes umzugestalten, wer seine Berührungsängste ablegt, hat die Chance an den vielen Aufgaben zu wachsen. Neue Dienstleistungen und Angebote werden ausgetestet, manche verworfen, manche angezweifelt. Im Idealfall beginnt sich dein Arbeitgeber durch diese Auseinandersetzung zu bewegen und zu verändern. Gefragte Arbeitskraft wird daher sein, wer kreativ ist und weiß, wie sich neue Geschäftsmodelle und -abläufe in einer klassischen Konzernstruktur konstituieren und realisieren lassen.

Einfallslose Chefs, die dir nur unplausible Anweisungen erteilen, die dir ihre Regeln nicht erklären und deine lästigen Fragen nicht beantworten können, die nicht zulassen, dass du Altbackenes brichst, werden sich nicht nur nicht weiterentwickeln, sondern ihr kreatives Personal verlieren. Mit einem Staatsexamen bist du heute so hervorragend ausgebildet, dass du dir dieses Theater nicht antun musst; ganz egal, welche Noten du schreibst. Du kannst es dir leisten, unbequeme Wahrheiten auszusprechen. Mit den sinkenden Absolventenzahlen im Hinterkopf wird sich dir – als nachrückende Juristengeneration – stets die relativ gefahrlose Möglichkeit eines Arbeitsplatzwechsels bieten. Für kreative Köpfe besteht zudem stets die Möglichkeit, mit einer guten Idee selbst zu gründen.

---

[70] Armin Steuernagel, Transforming Ownership to Create a Better Economy, Ted Talk – https://www.youtube.com/watch?v=Z2Uy_ODDiZo

XI. Anhang

Anlage 1: Grobe Skizze zur Zwischenprüfung

	Zivilrecht	Strafrecht	Öffentliches Recht		Grundlagenfach
Klausuren In den Rechtsgebieten Zivilrecht, Strafrecht und Öffentliches Recht werden jeweils mindestens 2 Klausuren aus unterschiedlichen Gebieten (hellblaue Kästen) mit insgesamt mindestens 12 Punkten benötigt. Gewertet werden dabei nur Klausuren mit mindestens 4 Punkten.					**Leistung** 1 Hausarbeit, 1 Klausur oder 1 Referat aus einem Grundlagenfach mit mindestens 4 Punkten
1. Fachsemester	Grundkurs BGB I ☐ Grundkurs BGB II ☐	Grundkurs Strafrecht I ☐	Verfassungsrecht I* ☐		Rechtsgeschichte ☐ oder Rechtsphilosophie ☐ oder Verfassungsgeschichte ☐
2. Fachsemester	Grundkurs BGB III ☐ Grundkurs BGB IV ☐	Grundkurs Strafrecht II ☐	Verfassungsrecht II* ☐		
3. Fachsemester	Sachenrecht I* ☐ Sachenrecht II* ☐	Grundkurs Strafrecht III ☐	Europarecht I ☐	VerwaltungsR AT ☐	
4. Fachsemester			Europarecht II ☐	VerwaltungsR BT ☐	
Hausarbeiten 1 Hausarbeit im Zivilrecht mit mindestens 4 Punkten + 1 Hausarbeit im Strafrecht mit mindestens 4 Punkten					
	Grundkurs BGB ☐ oder Sachenrecht ☐	Grundkurs Strafrecht ☐			
Überprüfung	Punkte Klausuren ☐ Hausarbeit ☐ Leistungen erbracht? ☐	Punkte Klausuren ☐ Hausarbeit ☐ Leistungen erbracht? ☐	Punkte Klausuren ☐ Leistungen erbracht? ☐		Leistung erbracht? ☐
ZWISCHENPRÜFUNG BESTANDEN? ☐					

*Gebiet ist zwingend einzubringen.
Alle Angaben ohne Gewähr.

Quelle: David B. Erhardt

Anlage 2: Remonstrationsvorlage

Matrikel-Nr. XXXXX
Name der Universität
Juristische Fakultät
Lehrstuhl für XXXX
Adresse/PLZ
Ort, den XX.XX.XXXX

Remonstration der Bewertung der (Klausur/Hausarbeit) in (Strafrecht AT) vom (Datum der Klausur) im (Wintersemester XX)

Sehr geehrter Herr Professor Dr. XXX, sehr geehrter Korrektor,

ich reiche das korrigierte Exemplar meiner (Klausur/Hausarbeit) vom (Wintersemester 2018/2019) an Sie zurück. Ich halte die Bewertung für sachlich nicht gerechtfertigt und daher in der Notenstufe für zu niedrig.

[Die nachfolgenden Ausführungen dienen nur dem Zweck, dir mögliche Anmerkungen zu zeigen]

Der Korrektor merkt auf Seite 15 der Hausarbeit an, dass die positiv festgestellte Prüfung eines gegenwärtigen, rechtswidrigen Angriffs seitens der Polizei im Punkt der Rechtswidrigkeit nicht vertretbar ist. Der Einsatz der Polizei sei rechtmäßig und A dringend tatverdächtig.

Die an den Fall angelehnte BGH Entscheidung (BGH, Urt. v. 2.11.2011 – 2 StR 375/11) ließ die Frage eines rechtswidrigen Vorgehens der Polizei unerwähnt. Dies geschah – nach meiner Ansicht – allerdings, um das polizeiliche Vorgehen in Schutz zu nehmen. Es finden sich zu dieser BGH Entscheidung mehrere Quellen, die sich mit einem rechtswidrigen Vorgehen der Polizei auseinandersetzen.[71] In der Bearbeitung der Hausarbeit bin ich daher von einem versteckten Problem ausgegangen. Der Sachverhalt lässt eine Prüfung der Notwehr im Punkt der Rechtswidrigkeit auch zu. Dann muss die grundsätzliche Bearbeitung vertretbar sein.

---

[71] *Engländer*, NStZ 2012, 272 (275); *Hecker*, JuS 2012, 263 (265); *Rotsch*, ZJS 1/2012, 109 (113).

Der Korrekturbogen bemängelt, dass die Gesetzgebungskompetenz des Bundes nicht wie von mir angenommen nach Art. 72, 74 I Nr. 19 GG angenommen werden kann.

Dem kann ich nicht folgen. Dem Sachverhalt ist zu entnehmen, dass der Deutsche Bundestag gerade aufgrund der vorher in den Studien beschriebenen Gesundheitsgefahren (Hautkrebs) das NiSG beschlossen hat. Der Begriff der gemeingefährlichen Erkrankung aus Art. 74 I Nr. 19 GG umfasst „schwere Erkrankungen, die, ohne ansteckend sein zu müssen, nicht nur vereinzelt auftreten. Darunter fällt z.B. der Krebs, […]“[72]. Dann sehe ich auch aus Art. 74 I Nr. 19 GG eine Gesetzgebungskompetenz des Bundes gegeben.

Nach dem Korrekturbogen ist die Eingriffsstufe aus der Drei-Stufen-Theorie nicht nachvollziehbar bestimmt.

Auf Seite 9 benenne ich, dass der Eingriff durch § 4 NiSG zwar eine Berufsausübungsregelung darstellt, diese aber faktisch durch die berufsregelnde Wirkung des § 4 NiSG nach objektiven Kriterien zu bestimmen ist. Schutzgut muss daher ein überragend wichtiges Gemeinschaftsgut sein. Diese Überlegung habe ich einer Klausur aus der JuS[73], die ich in Vorbereitung auf die Abschlussklausur bearbeitet hatte, entnommen. Dort heißt es in der Rn. 798 unter dem Prüfungspunkt B. I. 3. b) bb) wie folgt: „[…] In diesen Fällen kann es nicht bei der starren Anwendung der Drei-Stufen-Theorie bleiben. Vielmehr hält das BVerfG die Übertragung höherer Rechtfertigungsvoraussetzungen auf Eingriffe niedrigerer Stufe für möglich, um atypischen Fällen gerecht zu werden. […] reicht zur Rechtfertigung des Eingriffs daher nicht jede vernünftige Gemeinwohlerwägung aus, sondern notwendig ist der Schutz eines überragend wichtigen Gemeinschaftsgutes.“

Die Randbemerkung des Korrektors, „anfänglich bestand seitens der O ein Einverständnis“ (Seite 2), ist für die Prüfung der schwerwiegenden Beeinträchtigung der Lebensgestaltung des Opfers unerheblich. Insbesondere möchte ich auf die ausgeteilte Lösungsskizze (dort S. 13) verweisen, in der der Hinweis des Korrektors ebenfalls keine Bedeutung findet.

Die vorliegende Prüfung des § 240 I findet sich nicht in der Lösungsskizze wieder. Anders als der Korrektor meint, finden sich entsprechende Anknüpfungspunkte einer Nötigung aber im Sachverhalt. Dies wird durch die Sachverhaltsschilderung „In der Folgezeit brach O

---

[72] *Maunz*, in Maunz/Dürig, Grundgesetz-Kommentar, Rn. 211.

[73] *Langenfeld*, von Bargen, Müller, in JuS 2008 795 (798).

den Kontakt zu A ab […] Das wollte sich der A nicht gefallen lassen. Er schrieb über WhatsApp zahlreiche Nachrichten an O […] Nach einer Weile ging A davon aus, dass die O ihn nur deshalb nicht erhörte, weil der X sie unter Druck setzte." deutlich. Die Prüfung des § 240 I ist also grundsätzlich möglich.

Ich bedanke mich im Voraus für Ihre Mühen und bitte Sie die festgesetzte Notenstufe nochmals zu überdenken.

Mit freundlichen Grüßen

Anlage 3: No-Gos in der Remonstration

So nicht	Begründung
Dem Korrektor erklären wollen, wie man „richtig" korrigiert und wo die Schwerpunkte der Klausur liegen.	Der Korrektor ist derjenige mit Korrekturerfahrung und akademischem Abschluss und auch derjenige, der die Musterlösung der Klausur vor sich liegen hat.
Die Bewertung des Korrektors als zu streng zu deklarieren.	Das liegt in seinem Beurteilungsspielraum.
Dem Korrektor ohne nähere Begründung vorwerfen, er habe nicht alles berücksichtigt; insbesondere Ausführungen zur Zulässigkeit oder einer tollen Ausarbeitung zu Angebot und Annahme des Vertrags	Der Korrektor hat die Klausur schon einmal korrigiert und dabei alles gelesen. Eine Bearbeitung, die oft genug in den Arbeitsgemeinschaften eingeübt wurde, wird erwartet; deshalb auch keine/kaum Randbemerkungen
Aufzeigen von gut und richtig geprüften Tatbestandmerkmalen und Ansprüchen.	Siehe ein Feld weiter oben.
Vorbringen persönlicher Einzelschicksale jeglicher Art.	Zur Klausur muss man sich prüfungsunfähig melden und nicht im Nachhinein, wenn es nicht geklappt hat.

Anlage 4: „Golden Rules" der Fallbearbeitung im Studium

Checkliste zur richtigen Fallbearbeitung

A. Vorbereitung (ca. 30–40 min.)

1. Lesen und Erfassen der Fallfrage, um zu analysieren, was der Klausurersteller verlangt.
2. Genaue Erfassung des Sachverhalts (ggf. mit Skizze). Im Strafrecht solltest du alle Verben markieren.
3. Vermerk erster rechtlicher Gedanken am Seitenrand oder auf einem Extrablatt.
4. Grobe Lösungsskizze unter Schwerpunktsetzung.
5. Beginnen mit der Niederschrift der Klausurlösung.

B. Klausurlösung

1. Gutachtenstil und strukturierte Niederschrift, der der Korrektor gut folgen kann.
2. Vorschriften genau zitieren.
3. Umgangssprache vermeiden.
4. Statt „BGH"/"h.M.", „eine Ansicht"/"andere Ansicht".
5. Keine Analogie oder teleologische Reduktionen ausdenken.
6. Streitentscheide möglichst nicht mit substanzloser Argumentation lösen.
7. Juristische Fachausdrücke nur verwenden, wenn man sich sicher ist.
8. Möglichst eine einfach verständliche Sprache verwenden. Keine Bandwurmsätze.

C. Abschluss der Klausur (letzte 5–10 min.)

1. Korrekturlesen und ggf. sprachliche Ergänzungen vornehmen.
2. Stimmen die Seitenzahlen und liegen sie in der richtigen Reihenfolge?

Anlage 5: „Golden Rules“ der Fallbearbeitung im Examen

Checkliste zur richtigen Fallbearbeitung

A. Vorbereitung (ca. 40 min.)

1. Lesen und Erfassen der Fallfrage.
2. Genaue Erfassung des Sachverhalts (ggf. mit Skizze).
3. Vermerk erster rechtlicher Gedanken am Seitenrand oder auf einem Extrablatt.
4. Grobe Lösungsskizze unter Schwerpunktsetzung.
5. Beginnen mit der Niederschrift der Klausurlösung.

B. Klausurlösung

1. Gutachtenstil nur bei Problemschwerpunkten. Ansonsten verkürzter Gutachtenstil.
2. Verwendung stilistisch abwechslungsreicher Formulierungen.
3. Umgangssprache vermeiden.
4. Statt „BGH“/“h.M.“, „eine Ansicht“/“andere Ansicht“.
5. Klausurtaktische Erwägungen bei der Streitentscheidung einfließen lassen.
6. Richtige Verortung aller Probleme und Argumentationen des Sachverhalts.

C. Abschluss der Klausur (letzte 5–10 min.)

1. Korrekturlesen und ggf. Ergänzungen vornehmen.
2. Seitenzahlen stimmen und liegen in der richtigen Reihenfolge?

XII. Interviews

Die ausgewählten Interviewpartner gehören als Richter, Rechtsanwalt/Repetitor sowie Legal-Tech-Unternehmer verschiedenen juristischen Berufsfeldern an. Sie erzählen von ihrer Sicht auf notwendige Skills während und nach dem Studium und geben dir einen Einblick in ihren Mindset.

1. Interview mit Michael Friedmann, Rechtsanwalt und Mit-Gründer von 123recht.net, frag-einen-anwalt.de und Prime Rechtsanwalts GmbH

Zur Person: Bereits seit dem Jahr 2000, also seit den Anfängen des Internets, betreibt Rechtsanwalt Michael Friedmann die Digitalisierung des Rechts. Im Bereich der Online-Rechtsberatung führen seine Webseiten 123recht.net und frag-einen-anwalt.de über 2 Mio. Forenbeiträge und knapp 200.000 durchgeführte Rechtsberatungen. Mit seinem aktuellen Projekt „Prime Legal" bietet der Legal Tech-Pionier schon heute eine anwaltliche Rechtsberatungsflatrate für 90 € pro Monat. Möglich macht das eine durch künstliche Intelligenz gestützte Rechtsberatung in Kooperation mit IBMs Watson. Immer wieder ist Michael Friedmann gefragter Referent auf verschiedenen Legal Tech Konferenzen.

Frage: Herr Friedmann, Sie werden oft als Legal Tech-Pionier bezeichnet, einigen Lesern wird der Begriff nicht geläufig sein. Was also ist Legal Tech?

Friedmann: Der Begriff Legal Tech steht für Legal Technology. Ich verstehe darunter die Digitalisierung rechtlicher Abläufe und damit die Vereinfachung des Zugangs zum Recht. Sowohl für Ratsuchende, als auch für Rechtsanwälte. Durch Legal Tech wird die Rechtsberatung schneller und effizienter abgewickelt.

Frage: Sie haben die Idee einer Online-Rechtsberatung schon kurz nach Ihrem Studium gestartet. Wie genau sind Sie damals auf die Idee gekommen?

Friedmann: Im Jahr 2000 war der Zugang zum Recht für Mandanten noch viel schwieriger als heute. Extreme Informationsasymmetrie, undurchsichtige Kosten und lange Wartezeiten haben die rechtliche Landschaft geprägt. In einer persönlichen Sache bin ich als Student an einen Anwalt gelangt, der mir bei meinem Problem nicht helfen konnte. Das war für mich so ein Erlebnis, wo ich für mich dachte: „Okay du musst Transparenz im Bereich Rechtsberatung schaffen". Ratsuchende sollten sich im Internet zunächst selbst über ihr Rechtsproblem informieren können und dabei die Frage beantwortet bekommen: „Habe ich ein Rechtsproblem, benötige ich einen Anwalt, welcher ist der Beste für mein Problem und was kostet mich das Ganze." Im Laufe des Studiums konnte ich drei Freunde für diese Idee begeistern. Im Juni 2000 haben wir dann zusammen unsere erste Plattform 123recht.net gelauncht.

Frage: Was würden Sie Studierenden mit auf den Weg geben, die selbst mit einer Geschäftsidee starten möchten?

Friedmann: Es gibt keinen besseren Zeitpunkt zu starten, als aus dem Studium heraus. Vielleicht ist man noch nicht so fokussiert wie in späteren Jahren. Aber der Vorteil, dass man in der Regel keine familiären Verpflichtungen hat und einen niedrigen Lebensstandard gewohnt ist, ist wirklich ein großer. Wenn man für eine Idee brennt, rate ich allen, sie auszuprobieren. Egal, was das Umfeld sagt. Wir wurden in den Anfangsjahren von vielen Menschen belächelt und für verrückt erklärt. Die Zufriedenheit, die man erhält, wenn man sich 100%ig einer Sache verschreibt, kennen aber nur die Wenigsten. Das wiegt vieles auf. Wenn es dann noch erfolgreich ist, dann umso besser. Wichtig ist bei einer Gründung, dass man ein ganz konkretes Problem vor Augen hat, das man lösen möchte.

Frage: Was unterscheidet die anwaltliche Tätigkeit in Ihrer Kanzlei von anderen Kanzleien?

Friedmann: Zunächst einmal machen wir das Gleiche, was alle anderen Anwälte auch machen. Wir helfen Mandanten und lösen ihre Probleme. Der Unterschied ist nur, dass wir von Anfang an auf Digitalisierung setzen und versuchen, dem Mandanten den bestmöglichen Service zu bieten. Möchte der Mandant per WhatsApp mit uns kommunizieren? Gerne, machen wir. Die Anwälte werden in ihrer Arbeit von unserem Produkt „Prime Legal" unterstützt. In der täglichen Praxis bedeutet das, dass wir mit künstlicher Intelligenz die Sachverhalte analysieren und der Algorithmus dem Anwalt eine Lösung vorschlägt. Das spart Zeit. Der Anwalt hat dann mehr Zeit für den Mandanten.

Frage: Wird bald jeder Anwalt KI-unterstütze Rechtsberatung benötigen, um überhaupt noch wirtschaftlich arbeiten zu können?

Friedmann: Wirtschaftlichkeit ist nicht das einzige Kriterium. Auch heute gibt es Anwälte, die ohne Online-Datenbanken und Anwaltssoftware sehr wirtschaftlich arbeiten. Können Sie aber in Sachen

Qualität, Geschwindigkeit und Service mit den anderen mithalten? Vielleicht. Durch Technologie wird die Arbeit der Anwälte schneller und besser. Am Ende wird der Mandant entscheiden, welchen Anwalt er beauftragen will. Im Business Bereich gibt es heute schon Unternehmen, die sich ihre Anwälte danach aussuchen, welche Software bzw. Legal Tech Anwendung sie einsetzen. Das wird sich durch alle Bereiche ziehen. Und dann gibt es noch die Versicherer, denen auffallen wird, dass es Anwälte gibt, die weniger Fehler machen. Sie werden dann ihre Tarife dementsprechend anpassen. Wie die Kfz-Versicherer, die Kunden, die Assistenzsysteme im Auto haben, Rabatte geben. Analog dazu sehe ich viele Legal Tech Anwendungen auch als juristische Assistenzsysteme. Ohne die wird in Zukunft wenig gehen.

Frage: Die Digitalisierung ist in vielen Branchen auf dem Vormarsch. An welchem Punkt steht die digitale Entwicklung der Rechtsbranche und was kommt in den nächsten Jahren noch auf sie zu?

Friedmann: Wenn man sich die Legal Tech Landschaft in Deutschland ansieht, dann ist es wirklich bemerkenswert, wie viele gute Leute schon daran arbeiten, das Recht zu digitalisieren. Es gibt schon viele Anwendungen, die ganze Tätigkeiten in Anwaltskanzleien ersetzt haben. Immer wieder höre ich die Kritik, dass diese oder jene Lösung noch nicht perfekt sei. Was natürlich auch stimmt. Es mangelt allerdings an der Vorstellungskraft, dass an diesen Lösungen laufend gearbeitet wird. Und schon in wenigen Jahren können sie alles, was heute kritisiert wird.

Das Faszinierende ist, dass auch Anwälte bemerken, dass sich die meisten Branchen durch die Digitalisierung grundlegend verändert haben. Viele denken jedoch, dass es im Recht keine Digitalisierung geben wird, da die Sachverhalte zu unterschiedlich und zu kompliziert seien. Das ist ein gefährlicher Trugschluss.

Frage: Glauben Sie, dass es in Zukunft für Juristen schwer sein wird, eine Beschäftigung zu finden oder entstehen durch den technischen Fortschritt sogar neue juristische Jobs?

Friedmann: Bisher hat noch kein Jurist seinen Arbeitsplatz wegen eines Algorithmus verloren. Es werden neue Tätigkeitsfelder in der Kanzlei entstehen. Die Arbeit wird arbeitsteiliger und spezialisierter. Wir sollten als Juristen keine Angst vor diesen Assistenzsystemen haben. Die durchschnittliche Verfahrensdauer vor dem Landgericht in Zivilsachen ist in den letzten 20 Jahren von sechs auf über zehn Monate gestiegen und das bei sinkenden Fallzahlen. Auch bei unseren Gerichten ist der Einsatz von Assistenzsystemen dringend notwendig, um den Zugang zum Recht zu gewährleisten. Wird deswegen ein Richter entlassen werden? Wohl kaum.

Frage: Bedarf es künftig neuer Studiengänge, um Studierende auf die Verknüpfung von Recht und Technik vorzubereiten bzw. inwieweit muss das Jurastudium dafür geändert werden?

Friedmann: Es gibt ja mittlerweile einige sehr gute Initiativen der Universitäten, wie zum Beispiel das Legal Tech Zertifikat der Leibniz Universität Hannover oder das Legal Tech Lab an der Universität Frankfurt. Leider sind dies fast ausnahmslos Initiativen aus der Studentenschaft mit wenig bis mäßiger Unterstützung durch die Universität. Hier kommt noch zu wenig von den Lehrstühlen. Ich würde mir an jeder Universität ein Umfeld wie das an der Stanford University wünschen, wo es einen eigenen Lehrstuhl für Legal Tech gibt, das CodeX.

Frage: Was macht Ihrer Meinung nach einen guten Juristen aus?

Friedmann: Ein guter Jurist zeichnet sich durch ein gesundes Judiz, ein hohes Maß an Empathie und emotionale Intelligenz aus. Mit diesen Fähigkeiten wird er einem Computer, künstlicher Intelligenz oder einem Algorithmus immer überlegen sein.

2. Interview mit Frau Prof. Dr. Nora Markard, Professorin für Öffentliches Recht und Internationalen Menschenrechtsschutz

Zur Person: Frau Prof. Dr. Nora Markard lehrt an der Westfälischen Wilhelms-Universität Münster, wo sie die Professur für Internationales Öffentliches Recht und Internationalen Menschenrechtsschutz innehat. Ihre Forschungsschwerpunkte liegen im Verfassungsrecht, dem Völkerrecht und der kritischen Rechtsforschung. Prof. Dr. Markard hat die Humboldt Law Clinic Grund- und Menschenrechte und die Refugee Law Clinic der Universität Hamburg mitgegründet und engagiert sich als Vorstandsmitglied bei der Gesellschaft für Freiheitsrechte e.V..

Frage: Warum haben Sie sich dazu entschieden Jura zu studieren? War das schon in Ihrer Jugend ihr Berufswunsch oder konnten Sie sich auch vorstellen, etwas ganz anderes zu machen?

Markard: Ich hatte viele unterschiedliche Ideen. Ich habe mich bei einer Theaterschule beworben und konnte mir von vergleichender Literaturwissenschaft über Politikwissenschaft bis Jura verschiedenes vorstellen. Ich habe mich dann für Politik und Jura beworben und am Ende für Jura entschieden, aber mit dem Plan eines Doppelstudiums. Ich habe tatsächlich auch einige politikwissenschaftliche Veranstaltungen am Otto-Suhr-Institut der FU Berlin gehört, aber auf einen Abschluss kam es mir dann nicht mehr an. Ich habe das Interesse an der (Rechts-)Politik dann aber später in meinem Master wieder aufgegriffen.

Frage: Was hat Ihnen im Studium besonders viel Spaß gemacht?

Markard: Am meisten Spaß gemacht haben mir eigentlich die Dinge drumrum: die Kritischen Jurist*innen, der Kritische Fachschaftsbund, meine Lesekreise und meine Arbeit im AStA. Wir haben Texte diskutiert, Zeitungen gemacht, Veranstaltungsreihen organisiert und uns für das Politische Mandat eingesetzt. Sehr genossen habe ich auch die Vorlesungen bei Uwe Wesel, zur Rechtsgeschichte der Bundesrepublik zum Beispiel oder zum Römischen Recht, das Colloquium zu aktuellen völkerrechtlichen Fragen – überhaupt mein Schwerpunkt-Studium im Völker- und Europarecht (damals Wahlfach). Toll war auch ein Seminar zu Recht und Nationalsozialismus bei Hubert Rottleuthner, bei dem ich dann auch als Hilfskraft gearbeitet habe. Am Standardprogramm haben mir die Hausarbeiten am meisten Spaß gemacht, und Vorlesungen, die zum Mitmachen und Nachdenken einluden.

Frage: Viele Studierende klagen über psychischen Druck im Studium, gerade vor den Examensklausuren. Wie haben Sie das erlebt und wie sind Sie damit umgegangen?

Markard: Ich habe unglaublich viel Zeit ins Lernen gesteckt und bin das aus heutiger Sicht total bescheuert angegangen. Meine Peer group war durch unterschiedliche Erasmus-Aufenthalte etwas zerfleddert, und so bin ich am Ende mit einem guten Freund ins kommerzielle Rep gegangen. Ich habe das gehasst, in riesigen Gruppen mit diesen Jura-Animatoren (alles Männer, genau wie meine Profs) Stoff an möglichst komplizierten Fällen zu pauken und mit ordnerweise gedrucktem Material zugeschmissen zu werden. Außerdem bin ich jeden verdammten Tag in die Bibliothek gegangen und habe da den ganzen Tag lang gesessen und mit der Hand hunderte von Karteikarten geschrieben und sie auswendig gelernt. Sonntags hat die Bib erst um 12 auf- und schon um 17h zugemacht, sonst wäre ich da auch den ganzen Tag gewesen. Klausuren habe ich dagegen fast nie geschrieben, weil ich immer das Gefühl hatte mit den Themen kenne ich mich noch nicht gut genug aus. Das würde ich heute total anders machen: Besserer Lernplan, mehr Freizeit statt Kaffeepausen, weniger Karteikarten-Lernen und viel mehr Klausurpraxis. Und vor allem würde ich mir eine Lerngruppe suchen und nicht ins kommerzielle Rep gehen.

Frage: Sie selbst haben Ihre Examina sehr gut abgeschlossen. Was war Ihr Schlüssel zum Erfolg?

Markard: Das kann ich nicht so richtig sagen; mir ist das Lernen und Schreiben immer sehr leicht gefallen, ich habe im Studium für die

Klausuren nie besonders viel gepaukt. Ich habe aber schon viel fürs Studium gemacht, also oft die empfohlenen Aufsätze oder Gerichtsentscheidungen gelesen und mich darüber mit anderen ausgetauscht. Allerdings hatte ich dafür auch Zeit, weil ich nebenher nicht arbeiten musste. Und wir haben auch insgesamt viel weniger Klausuren geschrieben als meine Studis heute.

Frage: Wenn Sie das Jurastudium nach Ihren Vorstellungen reformieren könnten, was würden Sie als erstes verändern?

Markard: Viel weniger Prüfungen. Dass die Studierenden heute spätestens im letzten Drittel des Semesters anfangen nicht mehr zur Vorlesung kommen, um stattdessen für die Klausur zu lernen, finde ich totalen Quatsch. Wir müssen stattdessen stärker aktivierend unterrichten und so zum effektiven, verstehenden Lernen befähigen. Besonders gut finde ich Formate des erfahrungsbasierten Lernens, z.B. in Legal Clinics, wo Studierende lernen ehrenamtliche Rechtsberatung zu leisten. Da erarbeiten sie sich ganz viel selber, und es bleibt viel mehr hängen als wenn man es nur hört. Außerdem entwickeln sie wichtige soziale Kompetenzen. Ich würde auch weniger auf Vollständigkeit setzen als auf exemplarisches Lernen, mit mehr Wahlmöglichkeiten. Das klappt im Ausland ja auch. Dann könnte man weniger Vorlesungszeit haben, mehr ins Selbststudium verlagern und dann in der Veranstaltung auf der Basis mit den Leuten wirklich ins Gespräch kommen. Dabei lernen die Studierenden viel mehr als mit dem Modell „Nürnberger Trichter“, wo der Prof maximal viel redet, aber minimal was hängen bleibt.

Frage: Sie haben ein Jahr lang Jura an der Université de Paris I studiert, einen Masterstudiengang am Kings College in London absolviert und waren auch für die Wahlstation im Referendariat in Großbritannien. Darüber hinaus waren Sie als Gastdozentin in den USA tätig. Würden Sie einen Auslandsaufenthalt (bereits) im Rahmen des Jurastudiums empfehlen?

Markard: Unbedingt! Ich fand es toll, das eigene Rechtssystem plötzlich von außen zu sehen und andere Lösungen für die gleichen Probleme kennenzulernen. Dabei entdeckt man auch historische Pfadabhängigkeiten und Kontingenzen, und plötzlich ist alles gar nicht mehr so selbstverständlich und zwingend wie es einem vorher erschien. Außerdem kommt man mal aus dem üblichen Kontext raus, lernt neue Unterrichtsformen kennen (was eine gute und eine schwierige Erfahrung sein kann!), muss sich sozial und kulturell neu orientieren, kann sich aber auch ohne soziale Kontrolle neu erfinden und ausprobieren. Mir persönlich ist es auch sehr wichtig, verschiedene Sprachen gut zu sprechen, und das lernt man natürlich am besten, wenn man da mal eine Zeit ganz eintaucht. In Paris habe ich mit einer Französin zusammen gewohnt, in London in einem Wohnheim, wo auf jedem Stockwerk 14 Leute wohnten und sich eine Küche geteilt haben, die kamen aus Nigeria, Bulgarien, USA, China, Kenia, England, Schweden – ich fand das super toll.

Frage: Sie haben einen Karriereweg in der Wissenschaft eingeschlagen. Hatten Sie schon im Studium das Ziel Professorin zu werden? Welche Faktoren haben bei Ihrer Berufswahl eine Rolle gespielt?

Markard: Beim Einstieg ins Studium hatte ich noch kein klares Ziel. Ich wusste nur, dass man mit Jura sehr viel machen kann, und habe das erstmal auf mich zukommen lassen. Nach dem Studium gab es in Berlin ein Jahr Wartezeit aufs Referendariat, und da ich zu dem Zeitpunkt vor hatte irgendwas Internationales zu machen, zum Beispiel bei der UNO, habe ich dann einen Master in „International Peace and Security" gemacht, der Völkerrecht und Internationale Beziehungen miteinander verbunden hat. Als ich zurückkam, war bei Susanne Baer vertretungsweise eine Mitarbeiterinnen-Stelle frei, und erst da kam mir langsam der Plan zu promovieren. Und die Lehrstuhl-Arbeit und die Promotionszeit überhaupt waren dann so beflügelnd, dass mir zunehmend klar wurde: Ich will das unbedingt auch weiter haben! Aber ich könnte auch mit anderen Berufen glücklich werden, davon bin ich überzeugt.

Frage: Hatten Sie während Ihrer Studienzeit eine Professorin, die Sie im Nachhinein als Vorbild oder als Role Model bezeichnen würden?

Markard: Im Studium nicht so richtig. Es gab einige tolle Profs, bei denen ich gern studiert habe, aber Role Models, an denen ich mich orientiert hätte, waren die für mich nicht. Das waren eher andere Leute aus meinen verschiedenen politischen Zusammenhängen. Und eine Frau hatte ich im Studium sowieso nie als Professorin. Ein weibliches Vorbild hatte ich erst mit Susanne Baer. Sie ist ein sehr inspirierender Mensch, von dem ich ungeheuer viel gelernt habe und immer noch lerne. Dafür bin ich sehr dankbar, und es hat mich sehr geprägt. Ich mache aber natürlich auch vieles anders als sie, weil ich eben meinen eigenen Stil finden musste. Ich habe daher auch ungeheuer viel von meinen Kollegen und Kolleginnen am Lehrstuhl und darüber hinaus mitgenommen. Wir sprechen sehr, sehr viel darüber, was für Wissenschaftler*innen, Betreuer*innen, Lehrpersonen, Chef*innen wir sein wollen, und bringen einander sehr viel bei. Dieses Gemeinschaftliche wird glaube ich auch weiter so bleiben, was für mich mit das Schönste an meinem Beruf ist.

Frage: Bis heute gibt es weitaus mehr männliche Professorin an juristischen Fakultäten in Deutschland als weibliche (2017 waren nur 14 % der W3 Professuren weiblich besetzt). Wo liegen Ihrer Meinung nach die Gründe für diesen Missstand und was kann getan werden, um das Geschlechterverhältnis in Zukunft auszugleichen?

Markard: Wo fang ich da an... Das hat sehr viele Gründe. Einer der wichtigsten ist die lange Qualifikationsphase.

Es promovieren schon weniger Frauen als studieren, aber danach verlassen sehr, sehr viele die Uni für immer. Die Promotionszeit ist schon schwer zu finanzieren, und danach gibt es nur sehr selten direkt eine Habilitationsstelle. Stattdessen muss man sich mit Stipendien oder Jobs finanzieren, auf Juniorprofessuren bewerben usw. Bis da was klappt, dauert es. Man muss außerdem das Thema wechseln, um zwei Standbeine zu haben, statt die gerade gewonnene Expertise weiter vertiefen zu können. Denn fast alle Professuren sind „und"-Professuren, die also mehrere Themen abdecken. Das ist beispielsweise in Großbritannien oder den Niederlanden nicht so. Also wieder voller Einsatz – Wissenschaft ist schließlich nicht Beruf, sondern Berufung. Schwierig, wenn man auch ein Familienleben haben will. Und dann muss man noch einen Ruf auf eine volle Professur bekommen, von der man nicht weiß wo sie sein wird. Diese Unsicherheit zieht sich bis weit in die Familiengründungsphase hinein. Gerade Frauen schreckt das ab. Sie haben vielleicht teilweise auch einfach keine Lust auf eine tendenziell konkurrente, männlich dominierte Berufswelt, in der sie immer noch die Ausnahme sind. Und vielleicht fehlt ihnen sozialisationsbedingt auch häufiger als Männern das nötige Selbstbewusstsein, dass sie etwas spannendes zu sagen haben. Dass Frauen auf Juniorprofessuren deutlich besser vertreten sind, macht mir aber Hoffnung. Juniorprofessuren geben für sechs Jahre Sicherheit und Unabhängigkeit, und inzwischen sind viele auch mit einem Tenure Track ausgestattet, so dass man – wenn keine Katastrophen passieren – weiß, wo man eine Zukunft hat und auf eine volle Professur übergeleitet werden wird. Das scheint Frauen deutlich mehr anzusprechen als das bisherige System.

Frage: Was würden Sie Jurastudentinnen raten, die sich für eine Karriere in der Rechtswissenschaft interessieren?

Markard: Viel lesen und schreiben, eigene Ideen entwickeln, Seminare belegen, Netzwerke bilden. Ich würde auch sehr dazu raten, sich auf Hilfskraft-Stellen zu bewerben, die sind ein gutes Sprungbrett für eine spätere Mitarbeiter-Stelle und Promotion. Achten Sie aber darauf, in einem guten Umfeld zu landen; manche Juraprofs sind vielleicht spannende Wissenschaftler, aber keine guten Chefs (oder Betreuer). Das gilt natürlich auch für Professorinnen. Und ich persönlich habe seit vielen Jahren ein Peer Coaching mit zwei Kolleginnen, mit denen ich regelmäßig über unsere Fortschritte, Rückschläge, Entscheidungen und Strategien spreche.

Alle vier Wochen telefonieren wir uns zusammen, berichten einander, was passiert ist und was ansteht, besprechen Entscheidungsoptionen, feiern Erfolge und analysieren Katastrophen, verordnen einander Urlaub, wenn wir zu viel arbeiten und so weiter. Es hilft sehr, nicht allein durch diese Zeit zu gehen. Mein Slogan ist daher: Bildet Banden!

Frage: Was macht Ihrer Meinung nach gute Juristinnen und Juristen aus?

Markard: Gute Juristinnen und Juristen haben ein Verständnis für die Rechtswirklichkeit. Sie wissen, dass Recht ungerecht sein kann, dass es nicht immer so wirkt wie vorgesehen, dass es schon selbst nicht neutral und objektiv ist und dann auch noch von Menschen angewendet wird, die keine Subsumtionsautomaten sind sondern Vorverständnisse und Vorurteile haben, dass es historisch und vor dem Hintergrund von bestimmten Kontingenzen entstanden ist und auch verändert werden kann. Sie wissen um ihre gesellschaftliche Machtposition und die Verantwortung, die damit einhergeht, und sie wissen, dass auch sie selbst von Vorverständnissen und Vorurteilen nicht frei sind. Und sie nutzen das Recht so, dass es Zugänge zu schafft und frei zu hält, damit alle im Recht Gehör finden, nicht nur die Eliten. Das sind für mich gute Jurist*innen.

3. Interview mit Frau Dr. Alexa Ningelgen, Partnerin bei McDermott Will & Emery

Zur Person: *Frau Dr. Ningelgen* ist Partnerin bei McDermott Will & Emery. Dort leitet sie das Öffentlich-Rechtliche Team Deutschland und berät große private und börsennotierte Unternehmen sowie die öffentliche Hand im Bausektor, zu Infrastrukturprojekten, im Gewerberecht sowie zu Themen aus Umwelt und der Lebensmittelindustrie. Alexa Ningelgen ist Diversity Partnerin und setzt sich gemeinsam mit vielen anderen für Vielfalt, Chancengerechtigkeit und Teilhabe in der Jurawelt ein.

Frage: Was war Ihre Motivation sich für das Jurastudium einzuschreiben? Waren Sie auch als Studentin sofort von der Materie begeistert? Gab es bei Ihnen mal Durchhänger, und wenn ja, wie haben Sie diese überwunden?

Ningelgen: Als ich in der Grundschule war, wurden „Klassenrichter*innen“ gewählt, die Konflikte moderieren und Streit schlichten sollten. Ich wurde ausgewählt, war begeistert und wollte fortan Richterin werden. Auch wenn mir damals natürlich nicht wirklich klar war, was das Berufsbild der Juristin oder Richterin ausmacht. Später hat mich dann die Vielseitigkeit der anwaltlichen Beratung fasziniert und ich habe es bislang nie bereut. Als Studentin haben mir die meisten Vorlesungen direkt einigermaßen viel Spaß gemacht oder mich, wie im Fall von BGB AT, jedenfalls nicht komplett abgeschreckt…Natürlich hatte ich zwischendurch auch mal Durchhänger. Ich habe dann immer versucht mir klar zu machen, dass die jeweilige Klausur bzw. das Examen ein Baustein zu einer tollen Zukunft ist, die ich selbst bestimmen kann.

Frage: Würden Sie in der Rückschau auf Ihr Studium irgendetwas anders machen?

Ningelgen: Ich war leider nur ein Semester im Ausland. Aus finanziellen Gründen und weil ich Angst hatte zu viel Stoff zu verpassen bzw. zu vergessen. Das würde ich rückblickend definitiv anders machen.

Frage: Sie selbst haben Ihre Examina sehr gut abgeschlossen. Was war Ihr Schlüssel zum Erfolg?

Ningelgen: Eine tolle Lerngruppe, Selbstvertrauen und das nötige Quäntchen Glück.

Frage: Viele Studierende klagen über psychischen Druck im Studium, gerade vor den Examensklausuren. Wie haben Sie das erlebt und wie sind Sie damit umgegangen?

Ningelgen: Natürlich habe ich diesen Druck selbst gespürt und in ganz unterschiedlichen Ausprägungen auch bei Freund*innen und Kommiliton*innen wahrgenommen. Glücklicherweise gehöre ich zu der Sorte Mensch, die relativ gut mit Druck umgehen kann und sich auch von Erwartungen Anderer recht gut abgrenzen kann.

Frage: Halten Sie die juristische Ausbildung für optimal und wenn nein, was würden sie gerne sofort ändern?

Ningelgen: Sicherlich ist die Ausbildung nicht optimal. Ich würde mir wünschen, dass die extreme Fokussierung auf die Noten des Staatsexamens aufgeweicht wird. Das schafft zu viel unnötigen Druck und verzerrt das Bild.

Frage: Während Studierende die Anstellung in einer Großkanzlei mit Prestige und hohem fachlichen Know-how verbinden, wird die Tätigkeit als angestellter Anwalt in einer kleineren Kanzlei oft als letzter Ausweg für schwächere Kandidaten belächelt. Was halten Sie von so einer Aussage?

Ningelgen: Ich halte sie schlicht für falsch. Entscheidend ist, sich selbst zu kennen und für sich den optimal passenden Job zu finden. Ich glaube es ist extrem wichtig einen Job zu finden, der zum eigenen Lebensglück beiträgt, möglichst jeden Tag Freude bringt und einen persönlichen Sinn stiftet. Ich sage immer, „mit tollen Leuten die Zukunft gestalten“, das ist mein innerer Antrieb für meinen persönlichen Traumjob. Wer das für sich findet hat meiner Meinung großes Glück, egal ob in der Großkanzlei, im Start-Up, bei der Behörde oder in einer kleinen Kanzlei.

Frage: Würden Sie Studierenden, die sich für eine Karriere in einer Großkanzlei interessieren, raten schon im Studium zu versuchen, Einblicke in dieses Berufsfeld zu erlangen, z.B. durch das Anwaltspraktikum? Oder macht es keinen Unterschied, ob man erst nach dem zweiten Staatsexamen zum ersten Mal eine Großkanzlei betritt?

Ningelgen: Ich würde allen die für sich eine Karriere in der Großkanzlei nicht von vornherein ausschließen, raten vor dem „echten“ Berufseinstieg einmal reinzuschnuppern, egal ob im Praktikum, im Rahmen einer wissenschaftlichen Mitarbeit oder im Referendariat. Die Anwaltstätigkeit in einer Großkanzlei hat einige spezielle Anforderungen, die man meines Erachtens vorher kennen sollte. In meiner Studienzeit hatte ich gar keine Berührungspunkte mit dem „Kosmos Großkanzlei“. Ich wusste schlicht nicht, dass mein jetziger Job existiert.

Während meiner Promotion hat mich dann eine ehemalige Lehrstuhlkollegin, die heute Partnerin bei Hengeler Mueller ist, motiviert als Wissenschaftliche Mitarbeiterin in der Großkanzlei anzufangen. Mich hat von Anfang an der Mix aus faszinierender juristischer Arbeit auf höchsten Niveau, Internationalität und tollen Menschen fasziniert. Aus diesen Gründen bin ich einfach dabei geblieben.

Frage: War die anwaltliche Tätigkeit in einer Großkanzlei schon immer Ihr Karriereziel oder wären auch andere berufliche Optionen für Sie in Frage gekommen?

Ningelgen: Der Weg in die Großkanzlei war keineswegs schon immer mein persönliches Karriereziel. Ich konnte und kann mir immer noch andere berufliche Optionen für mich vorstellen. Aber derzeit bin ich – immer noch – sehr zufrieden mit meinem Job und meinem Leben im Allgemeinen.

Frage: Was macht Ihrer Meinung nach gute Juristinnen und Juristen aus?

Ningelgen: Juristische Exzellenz, Leidenschaft und Neugier.

Frage: Welcher Karrieretipp ist Ihrer Meinung nach völlig überschätzt?

Ningelgen: Diamanten entstehen unter Druck. Durch übermäßigen Druck entstehen meines Erachtens keine nachhaltigen und sinnstiftenden Leistungen.

Frage: Welchen Tipp möchten Sie Jurastudierenden mit auf den Weg geben?

Ningelgen: Weniger Zweifeln und mehr Spaß haben.

4. Interview mit Prof. Dr. Thomas Fischer, Vorsitzender Richter am BGH a.D.[74]

Zur Person: *Prof. Dr. Thomas Fischer* fand erst mit 27 Jahren zum Jurastudium. Zuvor arbeitete er als Musiker und Kraftfahrer, studierte Germanistik und war als Korrektor sowie als Paketzusteller tätig. Vor dem Verwaltungsgericht Karlsruhe klagte er 2011 als Richter am Bundesgerichtshof erfolgreich gegen die Ernennung eines Mitbewerbers zum vorsitzenden Richter. Nach längerem Rechtsstreit erlangte er schließlich 2013 den Vorsitz des 2. Strafsenats. Nicht nur deswegen, auch wegen seinem Standardkommentar zum Strafgesetzbuch ist Thomas Fischer einer der bekanntesten Juristen Deutschlands. Bis Mai 2017 war er Autor der wöchentlichen Kolumne „Fischer im Recht" auf ZEIT ONLINE. Ziel war es, dem Leser Voraussetzungen und Bedingungen, Wege und Wirkungen des Rechts zu vermitteln und eine kritische Auseinandersetzung mit der damit einhergehenden Verantwortung zu versuchen.[75] Das sorgte mitunter für Empörung bei Kollegen und Journalisten. Darf ein Bundesrichter sowas?[76]

Frage: Herr Fischer, was macht ein ehemaliger Bundesrichter eigentlich nach dem Ende seiner Richterkarriere?

Fischer: Was andere machen, will ich nicht verraten. Ich selbst mache nach der Pensionierung im Wesentlichen dasselbe wie vorher: Ein bisschen Schreiben, Lesen und Vorträge halten.

Frage*: Zurück zu den Anfängen. Was hat Sie Anfang der 1980er-Jahre dazu bewogen, Jura zu studieren?

Fischer*: Ich glaube, dass ich mathematisch-naturwissenschaftlich nicht sehr begabt bin. Ich hatte damals den Eindruck, ich sollte etwas Vernünftiges tun. Vor Studiumsbeginn hatte ich schon jahrelang ein Interesse an Soziologie, Kriminologie und Ähnlichem und dachte: Jura ist spannender als Volks- oder Betriebswirtschaftslehre.

---

[74] In Absprache mit Herrn Professor Dr. Fischer haben wir uns dazu entschieden, bei einem Teil der Fragen und Antworten auf ein Interview zwischen ihm und der Rechtszeitschrift „Ad Legendum zurückzugreifen. Die daraus verwendeten Ausschnitte sind mit einem „*" gekennzeichnet. Das vollständige Interview der Ad Legendum kann unter „Jura ist leicht, aber auch saumäßig schwer", 4/17, S. 344 eingesehen werden.

[75] Siehe „Fischer im Recht – Der Beginn", abrufbar unter: www.zeit.de/gesellschaft/zeitgeschehen/2015-01/fischer-im-recht.

[76] Siehe etwa: www.spiegel.de/spiegel/thomas-fischer-was-treibt-den-bundesrichter-zu-obszoenen-tiraden-a-1133025.html.

Frage*: Also haben Sie nach dem Ausschlussprinzip entschieden?

Fischer*: Man weiß ja nur sehr wenig über das Fach. Der normale deutsche Abiturient hat nur sehr vage Vorstellungen davon, was Jura überhaupt ist. Entweder kennt man jemanden – zum Beispiel ist der Papa Rechtsanwalt oder die Mama Richterin – oder man hat Bilder aus den Medien im Kopf. Letztlich hat man aber ganz wenig Ahnung davon, was die Tätigkeit als Jurist überhaupt bedeutet. Bestenfalls hat man eine Vorstellung davon, dass man für Gerechtigkeit und Ordnung sorgen will oder dass man als Jurist eine gute Stelle bekommt oder bedeutend und mächtig wird. So hat man eine Vorstellung von einem Berufsbild und so war das auch bei mir. Die Entscheidung fiel damit letztlich mehr oder weniger zufällig.

Frage*: Was haben Sie an Ihrer Studienzeit besonders genossen?

Fischer*: Ich habe vorher einige Jahre lang relativ unangenehme Jobs gemacht und empfand es daher als sehr angenehm, mich den ganzen Tag mit nichts anderem beschäftigen zu müssen, als über irgendetwas Spannendes nachzudenken. Das ist ja überhaupt das Schönste am Studium, dass man die Zeit und die Gelegenheit bekommt, sich intensiv mit neuen Dingen zu beschäftigen, über die man vorher nicht nachdenken konnte oder wollte.

Frage*: Gab es denn etwas, das sie am Studium gestört hat?

Fischer*: Natürlich! Dasselbe, was Studenten auch heute noch stört: Die relativ hohe Überfüllung der Lehrveranstaltungen, zu viele Studierende auf zu wenig Dozenten, eine bisweilen geradezu absurde Überheblichkeit, Abgehobenheit, Ferne und teilweise außerordentliche Dünkelhaftigkeit von Professoren. Sich von Wichtigtuern belehren zu lassen, denen ganz offensichtlich mehr an ihrer eigenen Bedeutung gelegen war als an der Fortbildung der Studenten, hat mich sehr gestört. Ich war ja auch nicht mehr 18 Jahre alt und kam gerade vom Gymnasium, sondern hatte schon zehn Jahre lang etwas Anderes gemacht und wollte mich da ungern von älteren Herren belehren lassen über ihre Vorstellungen von Kunst, Kultur und dem Leben im Allgemeinen.

Frage*: Würden Sie denn jetzt nochmal denselben Weg ins Recht gehen?

Fischer*: Ja, ich glaube schon. Ich habe mich mit dem, was ich getan habe, nie gelangweilt. Man kommt ja in Jura ganz ohne Wissenschaft aus, einfach indem man nachguckt, was etwa in § 203 StGB steht. Das hat ja nichts mit Wissenschaft zu tun, sondern ist bloß Rechtskunde. Das kann jeder. Aber die Wissenschaft, die dahinter liegt, ist natürlich auch etwas Schönes. Es gibt eine unglaubliche Welt von Bedeutungen, Strukturen und Möglichkeiten, die darin steckt. Die wird häufig – auch von Studenten – verkannt. Die meinen, sie müssten möglichst schnell, punktuell und wenig lernen. Eine hohe Kompetenz von Rechtsanwendungskunde oder -wissen zu erlangen, die ihnen dann erlaubt, da draußen in dieser sozialen Welt etwas Schönes zu werden. Das ist eine falsche Vorstellung, die ja auch sehr häufig nicht funktioniert. Die meisten Menschen, die ich getroffen habe, die mit 21 Jahren über ihre extreme Superkarriere in einer internationalen Großkanzlei nachdachten, endeten irgendwann als Partner einer netten, mittelständischen Rechtsanwaltskanzlei – und das ist ja auch nicht schlecht.

Frage: Würden Sie sich als einen fleißigen Studenten bezeichnen?

Fischer: Unbedingt. Ich bin jeden Morgen um 5.00 Uhr aufgestanden und habe um 6.00 Uhr angefangen zu lernen bis um 20.00 Uhr. Und zwar sieben Tage die Woche. Zwischendurch habe ich allerdings ein bisschen Sport gemacht und mich um die Familie gekümmert.

Frage*: Für wen ist das Jurastudium das Richtige?

Fischer*: Komplizierte Frage. Es gibt natürlich bestimmte Menschen, bestimmte Charaktere, die das anzieht: Ordnungsliebende, Vorsichtige, Ängstliche und Machtorientierte. Menschen, die sagen, ich möchte meine Verantwortung an eine Struktur abgeben, die ich selbst nicht bestimme. Wenn man Glück hat, kann das zu einer einigermaßen großen Freiheit führen. Aber: Wenn Sie sich Vorstände von deutschen Aktiengesellschaften anschauen, finden sie dort relativ wenig Juristen, aber viele Betriebswirte. Juristen finden Sie eher auf der zweiten Ebene, weil sie anders als Betriebswirte denken. Der Jurist fragt: Darf der das, wie ist die Rechtsgrundlage? Betriebswirte aber gehen anders durch die Welt. Ein Betriebswirt sagt: „Jetzt wollen wir mal den Markt von China erobern! Das muss doch gehen – und wenn es nicht geht, dann müssen wir es eben möglich machen!" Diese Eroberungsmentalität haben Juristen nur in ihrer Funktion als Gehilfen von Macht. Sie verwalten Macht und verstehen sie, wenn sie Glück haben. Aber sie entfalten Macht nicht wirklich selbst. Juristen fühlen sich selbst in Extremsituationen als Diener von Macht. Wenn sie beobachten, wie sich die Juristen in der Nazi-Zeit verhalten haben, gibt es keinen Juristen, der gesagt hat, er sei der Bestimmer. Der Jurist sieht sich als Umsetzer, ausführendes Organ eines höheren Willens. Der Juristenberuf zieht ganz allgemein Menschen an, die eher auf Sicherheit aus sind. Alles was neu ist, irritiert. Da steht doch etwas im BGB und dann kommt irgendein Abgeordneter, der nur Französisch auf Lehramt studiert hat, der das alles ganz anders lösen möchte. Der Jurist sagt dann, das sei doch wahrscheinlich verfassungswidrig, jedenfalls aber systematisch völlig undurchdacht. So zeigt sich, dass wir unglaublich an Strukturen kleben. Das schützt uns und nur wir Juristen wissen, wie das wirklich geht. Juristen sind in der Regel relativ furchtsame, konservativ ausgerichtete Menschen. Das ist aber nichts Schlimmes.

Frage*: Sie sind selbst auch in der Lehre tätig gewesen, sind Honorarprofessor in Würzburg und haben 44 Semester kontinuierlich gelehrt. Hat sich seit Ihrer Zeit – einerseits auf Seiten der Studenten, andererseits auf der Lehrenden-Seite – etwas verändert im Vergleich zu der Zeit, als sie selbst Student waren?

Fischer*: Ganz schwer zu sagen. Darüber habe ich schon oft nachgedacht. Ich hatte zwischen 1993 und 2000 parallele Lehraufträge in Würzburg und Leipzig und hatte in der Zeit den Eindruck, dass die Leipziger Studenten wesentlich angenehmer und fleißiger seien. Ich habe in Leipzig eine Vorlesung zur Besprechung strafrechtlicher Probleme angeboten. Einmal wöchentlich, Donnerstagsabends von 18–21 Uhr, drei Stunden, ohne Pause. Wenn am Anfang des Semesters 70 Leute da waren, hatte man am Ende 65 von denen sich 40 auch mal gemeldet haben. Da wurde intensiv diskutiert und das hat wirklich Spaß gemacht, weil da ein Haufen von Leuten war, die sich wirklich interessiert haben. Nach meinem Eindruck saßen in Würzburg dagegen eher so Typen herum, die sagten: „Gibt es denn kein Skriptum hier? Hast Du kein PowerPoint dabei?" Ich hatte schon damals an der Universität Würzburg eher den Eindruck, dass eine Konsumentenhaltung Einzug hält, und dass es vielen Studenten doch weniger darauf ankommt, selbst etwas zu leisten, als eine Leistung abzufordern, die ihnen angeblich zusteht. Das Anspruchsdenken, diese Forderung: „Du, Dozent, bist dazu da, gefälligst dafür zu sorgen, dass ich etwas aus meinem Leben machen" – das ist eine Haltung, die sich im Laufe der Zeit verstärkt hat. Ich kenne sehr viele Dozenten und Professoren, die das so erlebt haben. Natürlich kann man aber auch sagen, je älter man wird, desto schlimmer gehen einem diese 21-jährigen Leute mit ihren Problemen auf den Keks. Man muss ja immer sehen, dass die Lehrenden auch ganz normale Menschen sind. Die haben eine eigene Biografie, waren ja häufig studentische, dann wissenschaftliche Mitarbeiter, waren Assistenten, haben promoviert. Dann hat man aber immer noch 30 Jahre vor sich und von unten kommen immer jüngere Menschen nach, für die plötzlich das iPhone der wichtigste Gesprächspartner auf der Welt ist. Da ist dann eine gewisse Gefahr, dass man sagt, die Studenten würden immer dümmer, aber das stimmt natürlich nicht. Möglicherweise werden die Professoren immer dümmer, je älter sie werden, aber das kann man auch nicht sagen.

Frage*: Die Zwischenprüfung bestehen noch die allermeisten Studenten. Trotz gut bestandener Zwischenprüfung kann es sein, dass man in mehreren Anläufen durchs Examen fällt und der Student nach vielen Jahren Studium ohne Hochschulabschluss dasteht. Kann das richtig sein?

Fischer*: Ich glaube, man sollte die Hürden heben. Die Struktur, die Sie beschreiben, ist eine extrem aufwendige, bürokratische Institution ohne inhaltlichen Sinn, die nur dazu dient, irgendetwas vorzutäuschen, was weder ernst gemeint ist, noch etwas bringt. Wenn man Prüfungen einbaut, die alle bestehen, kann man es gleich bleibenlassen. Wenn heute 60 % der Leute Abitur machen und davon 80 % ein Abitur zwischen 1,0 und 2,0, dann ist ja klar, dass irgendwo ein Ausleseprozess stattfinden muss. Diese Prozesse finden statt und die kann man nicht dadurch ausschalten, dass man den Zugang von unten immer leichter gestaltet. Man verschiebt sie ja nur und zwar auch zur eigenen Entlastung und auf Kosten derer, denen das angeblich nutzt. Man sollte den Leuten früher ermöglichen, das zu erkennen, weil sehr viele sehr ungeeignete Menschen ein Jurastudium anfangen. Ich glaube, es ist nicht anders möglich, als dass man den Menschen sagen muss: Jura ist leicht, aber Jura ist auch saumäßig schwer. Das Auswendiglernen von Paragraphen ist leicht, das kriegt man irgendwie schon hin, aber das Verstehen, was Jura, was Recht bedeutet, das ist schwierig. Ein guter und erfolgreicher Jurist zu werden, sich da durchzusetzen, ist nicht einfach. Viele sind für den langen und nicht ganz einfachen Weg dahin schlichtweg wenig geeignet. Es müsste eine Struktur existieren, die sich den Studenten als einzelnen Menschen zuwendet, und die sagt: „Hören Sie mal zu, ich sehe Sie und rede mit Ihnen. Ich verlange von Ihnen, dass Sie mit mir über inhaltliche Fragen und Probleme diskutieren und dann werde ich Ihnen nach meinem besten Wissen sagen, ob es reicht oder nicht." Aber hinzugehen und zu sagen, wir versorgen 600 Studenten im Wintersemester so, dass Papa und Mama sich nicht beschweren, das führt ja zu nichts.

Frage*: Gerade die Stofffülle ist jedoch ein wesentlicher Kritikpunkt. Es gebe viel zu viel Stoff, da der Student eigentlich jede neue BGH-Entscheidung kennen muss, weil das ja geprüft werden kann.

Fischer*: Das ist ein absurdes Theater. Das hat es natürlich auch früher schon gegeben. Ich glaube aber, dass es das heute mehr als früher gibt. Das ist ein Phänomen, das man auch in der Kommentarliteratur und in der Rechtsliteratur überhaupt finden kann. Früher, noch vor 30 Jahren, hat man einen Kommentar wie meinen StGB-Kommentar geschrieben und da standen alle wichtigen Entscheidungen drin. Eine neue BGH-Entscheidung wurde nach zwei oder drei Jahren aufgenommen. Heute ist die am nächsten Tag online und in 70 verschiedenen Zeitschriften veröffentlicht. Trotzdem läuft die Struktur der Rechtslehre darauf hinaus, als ob das das Minimum dessen wäre, was man wissen muss.

Frage*: Was soll der Student machen? Der sitzt da, sieht das alles auf sich einprasseln und hat die Befürchtung, das alles käme in seinem Examen dran.

Fischer*: Das ist das große Problem. Ich habe da auch keinen wirklichen Trost. Man muss einfach sagen: „Das ist mir egal." Natürlich gibt es immer neue Probleme. Zum Beispiel der bedingte Vorsatz: Fürmöglich-Halten und billigendes Inkaufnehmen. Wenn A dem B mit einem Brotmesser in die Brust sticht, wird das wahrscheinlich bedingter Vorsatz sein. Was ist jetzt aber, wenn der Raser auf dem Ku'damm einen Rentner zusammenfährt? Und anstelle jetzt die Meinung des vierten Strafsenates oder des LG Berlins zu rezitieren, kann man Argumente dafür und dagegen abwägen. Gegen bedingten Vorsatz spricht, dass der Fahrer sein schönes Auto nicht demolieren und gewinnen will. Andererseits sagt der Fahrer vielleicht: „Ist mir doch egal, da hat der Rentner halt Pech, wenn er da kommt." Man könnte sagen: Das bloße Nicht-Wollen eines Erfolges kann dem bedingten Vorsatze nicht entgegenstehen, wenn man kognitiv weiß, dass es vom Zufall abhängt, ob der Erfolg eintritt oder nicht. Und solche Argumentationen, denke ich, sind eine Art von Rechtswissenschaft. Das ist die Anwendung von Rechtsregeln und Argumenten, die sich aus rechtlichen Gedanken speisen, aus Rechtsgutsschutz und Rechtssicherheit usw. Darauf sollte sich der Student verlassen. Er sollte versuchen, Probleme zu verstehen. Anders ausgedrückt, als allgemeine Regel: Es kommt nicht auf die Anzahl der geschriebenen Klausuren an, sondern auf die Anzahl der zu Ende gedachten Probleme. Wer 20 Klausuren geschrieben hat und es immer noch nicht fertigbringt, nach fünf Stunden fertig zu werden, der ist ohnehin verloren, der schafft es auch nach 200 nicht. Man muss dazu emotional, intellektuell und auch vom Wissen her in der Lage sein: Argumente zu entwickeln, die vernünftig sind. Auf der Basis wird man nicht durchfallen, es sei denn der Professor selbst ist nicht geeignet.

Frage: Wie viele der Studierenden schaffen das?

Fischer: Bei den begabten Studenten klappt das. Leider begünstigen viele Strukturen der Ausbildung und die Ausrichtung auf die „Richtigkeit" von Klausur-Lösungen schon sehr früh eine Fixierung auf die (angebliche) Aufgabe, bestimmte, sozusagen „punktgenaue" Ergebnisse zu vertreten. Um das zu schaffen, muss man die sogenannte herrschende Meinung nicht verstehen, sondern nur kennen und repetieren können. Man kann dann noch ein bisschen klausurtaktischen Nebel erzeugen, indem man scheinbar sinnlose oder verfehlte „Mindermeinungen" erwähnt oder notfalls sogar erfindet; das merkt sowieso fast kein Korrekturassistent. Am Ende wird dann hingeschrieben, am überzeugendsten sei die h.M. Und schon hat man sieben Punkte. Ich will damit nicht sagen, dass es besser wäre, möglichst wenig zu lernen und möglichst viel „kreativ" daherzureden. Man sollte versuchen, die Probleme und die angebotenen Lösungen möglichst wirklich zu verstehen, und nicht früh aufhören, darüber nachzudenken.

Frage: Nicht wenige Studenten glauben, dass man nur mit Top-Examensnoten später auch einen guten Arbeitsplatz finden kann. Oder kennen Sie ehemalige Kollegen ohne Prädikatsexamen?

Fischer: Ehrlich gesagt: Wenn man mal im Beruf ist, spielen Examensnoten keine wichtige Rolle mehr; allenfalls bei Neubewerbungen oder wenn man an der Uni in einem Bereich arbeitet, wo sich alles um Bewertungen und Noten dreht. Der Einstieg bei der Justiz hängt halt von der sog. „Staatsnote" ab; also von der Grenze (nach unten) bis zu der in den Höheren Dienst eingestellt wird. Zu meiner Zeit lag sie bei etwa 8,5 Punkten, glaube ich; je nach Bundesland verschieden. Bei sehr guten Examina ist die Chance natürlich größer, dass man eher oder früher „beachtet" wird und daher eher eine Chance bekommt, irgendwo Meriten zu sammeln: Ministerium, Abordnung zu einem Obersten Bundesgericht usw. Trotzdem ist die Fixierung auf den Noten- und Punktewert nicht sehr nützlich und setzt einen sehr unter Druck. Auf irgendwelche Zehntelpunkte kommt es allenfalls in ganz seltenen Ausnahmefällen an. Aber Examensnoten sind natürlich nicht unwichtig. Zwischen Absolventen mit 4,8 Punkten und solchen mit 11,2 Punkten gibt es einen qualitativen Unterschied, der aus der Sache selbst, der Eignung usw. kommt; das hat in den seltensten Fällen mit „Glück" zu tun. Zwischen 5 und 7 oder zwischen 8 und 10 Punkten kann es reines Glück sein. Das heißt aber nicht, dass ein(e) Absolvent(in) mit 6 Punkten nicht ein(e) sehr guter und erfolgreicher(r) Rechtanwalt/Rechtsanwältin werden kann. In den frühen 90er-Jahren sind in den neuen Bundesländern viele West-Absolventen mit eher schlechteren Noten als Richter und Staatsanwälte eingestellt worden. Bei vielen hat das geklappt; bei anderen eher nicht.

Frage*: Man kann als fertig ausgebildeter Jurist entweder 120.000 Euro in der Großkanzlei verdienen, im Staatsdienst geht man mit einem Drittel nach Hause. Was hat die Justiz zu bieten?

Fischer*: Sie können ja auch Consigliere bei der Mafia werden, da verdienen Sie 500.000 Euro. Die Justiz hat nichts Besonderes zu bieten, außer Sicherheit. Es ist eine persönliche Wahl. Wenn Sie Rechtsanwalt werden wollen, bedeutet das selbstverständlich, dass Sie sich dafür entscheiden, inhaltliche Positionen und Interessen zu vertreten, die nicht unbedingt die Ihren sind. Als Richter haben Sie eher die Möglichkeit, sich rauszuhalten und mit gewissen Dingen nicht behelligt zu werden. Wer Richter wird, möchte zum Beispiel weder so nah mit den Menschen zu tun, noch die ständige Verpflichtung zur Akquise haben. Das ist eine Grundsatzentscheidung. Wenn man sich eher zurückziehen will, ist man im Staatsdienst richtiger, und das hat viele Vorteile. Aber auch manchen Nachteil: Bürokratie, Ungerechtigkeit, Behäbigkeit, nichts geht voran, es werden immer die Falschen befördert.

Frage: Unabhängig von der späteren Berufswahl. Was macht Ihrer Meinung nach einen guten Juristen aus?

Fischer: Fantasie und Offenheit und ein überdurchschnittliches Maß an Menschenfreundlichkeit. Also lauter Eigenschaften, die gemeinhin als besonders juristenfern angesehen werden. Selbstverständlich sollte das verbunden sein mit Fähigkeiten und Neigungen zu spezifischen Anforderungen: Abstraktionsfähigkeit und systematisches Denken; Fähigkeit, komplexe Zusammenhänge und Abläufe in ihrer Struktur schnell zu erkennen; Interesse an Sprache.

Frage: Welche Tipps können Sie den Studierenden für die juristische Karriere abschließend noch mit auf den Weg geben?

Fischer: Für die Karriere sowieso keine. Wer ausschließlich an die „Karriere" im Sinn von Aufstieg denkt, wird es oft nicht hinkriegen. Wer nie daran denkt, allerdings auch nicht. Man muss sich vor allem auf die Sache selbst konzentrieren und versuchen, den für sich selbst richtigen Weg zu finden. Jura bietet ja ein außerordentlich breites Spektrum von Berufsmöglichkeiten, die sich in der Ausgestaltung, den Anforderungen und den Auswirkungen auf das private Leben und die Persönlichkeit stark unterscheiden können. Allgemeine Tipps wären da verfehlt. Die heute verbreiteten Stichworte von „Work-Life-Balance" und „Selbstoptimierung" sind schön und gut. Wichtiger als alles andere ist, dass man Freude an der Arbeit hat. An der „falschen" Stelle, mit nicht passenden Zielen und unter dem Druck „durchzuhalten", kann man kaum erfolgreich sein und sicher nicht froh werden.

****

Sollte dir dieses Buch gefallen haben und sollten wir die Qualität deines Studiums verbessert haben, dann zeig uns das durch eine positive Bewertung im Internet. Wir möchten, dass auch andere Studierende von diesem Buch erfahren und von seinem Nutzen profitieren.

Unter **www.jura-geht-auch-anders.de** wollen wir eine eigene Webseite zum Buch aufbauen. Neben aktuellen Entwicklungen wollen wir dich dort mit weiteren Informationen rund ums Jurastudium versorgen. Auch Dokumente aus dem Buch möchten wir dort direkt zum Download anbieten. Schau einfach mal vorbei.

Stichwortverzeichnis

Die Zahlen beziehen sich auf Seitenzahlen.

Abschichten 77, 78, 79, 81,83
AG-Leiter 28, 29, 47, 63, 73,93
Anfangsklausuren 41
Arbeitsbelastung 57, 86
Arbeitsgemeinschaften 14, 26, 31, 55, 64, 85, 133
Arbeitslosenquote 7
Auslegungsmethoden 35, 36, 37, 38, 42
Auswendiglernen I, 3, 25, 26, 38, 153
Auszeiten 27

Bachelor of Laws 106

Digitalisierung 10, 11, 127, 136, 137, 138
Dresscode 91
Durchhänger 85, 146

Einstiegsvorlesungen 31
Entlastungsgespräche 53, 87
Examensnoten 85, 89, 155
Examensvorbereitung 1, 2, 3, 4, 5, 15, 22, 23, 24, 31, 38, 47, 53, 54, 56, 57, 58, 64, 66, 75, 77, 78, 79, 80, 81, 82, 84, 86, 93, 94, 95, 106

Freischuss 23, 24, 77, 78, 96, 104

Geschäftsidee 137
Gesetzestexte 14, 15, 90
„Golden Rules“ der Fallbearbeitung 134, 135
Grundstudium 15, 22, 31, 32, 39, 41, 49, 58, 60, 61, 66, 67, 69, 73
Gutachtenstil 13, 14, 26, 37, 38, 39, 40, 41, 58, 61, 62, 67, 68, 69, 70, 73, 90, 91, 134, 135
gute Juristinnen und Juristen 139, 144, 148, 156

Hauptstudium 3, 31, 56, 64, 71 73, 80, 96, 103, 107, 126
Hausarbeit 1, 4, 13, 19, 24, 44, 48, 49, 50, 51, 54, 57, 63, 64, 67, 68, 97, 98, 110, 130, 140

Interviews 26, 76, 136

Juristenschwemme 2, 7
juristisches Verständnis 4, 24, 27, 29, 37, 64

Klausurenschreiben 80

Legal Tech 10, 12, 123, 124, 136, 138, 139
Leistungsdruck 1, 2, 3
Lerngruppe 5, 9, 61, 81, 141, 146

Master of Laws 107
Meinungsstreit 42, 62
Moot Court 101, 102
mündliche Prüfung 13, 78, 82, 88, 89, 91, 92, 94, 96

Nacharbeit 24, 29, 30, 33, 34, 52, 84
Nebenjob 56

Online-Repetitoren 80, 81, 83, 93

Pflichtpraktika 1, 4, 23, 49, 54,
Praktika 54, 55
Promotion 8, 108, 117, 118, 143, 144, 148
Protokolle 94
Prüfungsgespräch 88, 92, 94, 114
Psychischen Druck 86, 141, 147

Regelstudienzeit 23, 24, 54, 77, 101, 104
Repetitorien 47, 74, 81, 82, 84, 94

Schönfelder 15
Schwerpunkt 23, 40, 61, 64, 88, 89, 95, 96, 108
Schwerpunktsetzung 43, 49, 68, 98, 123, 134, 135
Schwerpunktstudium 22, 23, 95
Stoffmenge 1, 24, 38, 65, 71, 76
studentische Hilfskraft 56, 108

verkürzter Gutachtenstil 69, 91, 135
Vertiefung 61, 66, 67, 71, 73
Vollbefriedigend 5, 6, 7, 8, 9, 10, 12, 44, 45, 75, 108, 116, 120, 121, 122, 124
Vorlesungsverzeichnis 21

Wissensvermittlung und -darstellung 46, 47
Work-Life-Balance 8, 9, 127, 156

Zeitdruck 46, 69
Zeitmanagement 38, 40